Trittico e Quarta Cosa

© 2024 proprietà letteraria riservata

Il Gruppo Culturale

P.O. Box 143 St. Agnes 5097, South Australia

In copertina: Vanni Viviani «Rapporto Scalare – un inizio e una fine», disegno originale a inchiostro e acquerello su carta Fabriano del 22 gennaio 1990 ad esclusivo uso di questo testo.

Proprietà artistica di Vanni Viviani riservata.

Premessa

Adelaide 1986.

L'idea di "Il Gruppo Culturale", concepita in quell'anno, era che bisognava uscire dall'isolamento culturale delle nicchie etniche, proponendo modi per comunicare e partecipare attivamente nella società australiana con un proprio apporto culturale, invece di perdurare nell'isolamento. Non sarebbe stata un'organizzazione stabile, piuttosto una condivisione dell'idea da parte di chi, di volta in volta, avrebbe proposto o partecipato a dei progetti intesi a raggiungere questo scopo.

Nella seconda metà del 1987, maturò l'idea di un progetto poetico bilingue (italiano/inglese). Due italiani e un australiano si proponevano di preparare un testo di poesie, traducendosi a vicenda. Si potevano includere anche alcuni dei loro componimenti già scritti, ma si trattava soprattutto di scrivere e tradurre ciò che dalla loro interazione culturale, personale ed umana sarebbe stato eventualmente prodotto. Quest'ultimo era l'aspetto più importante, perché si voleva creare interazione fra le due culture, lavoro comune.

Era un progetto originale ed ardito, se si pensa che la poesia per sua natura sfugge a qualsiasi volontà o progettazione, ma forse proprio per questo piacque molto al Dipartimento Statale per le Arti del Sud Australia, che concesse anche un piccolo finanziamento per le spese nel gennaio del 1988.

Al progetto poetico era stato assegnato un valore simbolico. Si voleva, come già detto, simbolizzare la necessità per una cultura cosiddetta "etnica" di partecipare nel paese di accoglimento, producendo risultati mediante interazione con la cultura dominante, coinvolgendola di fatto, quasi costringendola a lavorare insieme. Sarebbe stato come dire: siamo qui, invitati o meno, ma facciamo parte di voi, vogliamo farci conoscere e conoscervi di più, vogliamo offrire il meglio della nostra diversità per una maggiore ricchezza comune. Tutto questo insieme a voi, non da soli, in disparte, nella nostra lingua soltanto.

Sarebbe stato un progetto pilota per altre iniziative in altri settori, eventualmente con altre culture, oltre quella dominante.

Quello che risultò fu questo testo non voluto, non progettato del progetto stesso, fu il risultato di una interazione umana e culturale, di uno scambio di idee, di una comunicazione e partecipazione molto sentita, di una condivisione profonda ed allo stesso tempo di una relazione conflittuale molto forte. In un certo senso fu il risultato del fallimento del progetto.

Infatti, due dei tre partecipanti si coinvolsero in situazioni più contingenti. Il progetto fallì. Quasi come reazione al fallimento, come fosse stato il tradimento del progetto e, anche più, dell'idea che ne era a base, venne fuori un lunghissimo testo, scritto in italiano, quasi di getto, da parte del terzo partecipante che si occupò anche di farne fare una traduzione in inglese.

Questa ricevette qualche piccolo ritocco da parte del partecipante australiano che aveva comunque già abbandonato il progetto.

Il manoscritto bilingue, completato alla fine del 1988, fu letto dallo scrittore australiano, David Malouf, nel 1990, mentre viveva in Italia, poi esaminato da vari editori da lui suggeriti in Australia e naturalmente respinto o per la sua lunghezza o perchè la versione inglese fu giudicata poco poetica. Il consiglio, a questo proposito, fu il rifacimento da parte di un poeta di lingua inglese. Tuttavia, nessun poeta di lingua inglese ebbe il tempo o l'interesse a rivedere il testo.

Il tutto fu quindi seppellito nel cassetto, a dormire, salvo un breve risveglio nel 1992, quando un componimento incluso in questo testo, dal titolo "Chi ci porterà la cultura?" fu scelto e pubblicato in italiano e in inglese, nella rivista "Meanjin" dell'Università di Melbourne, sempre sotto il nome di "il Gruppo Culturale".

Oggi, nel 2024, dopo 36 anni dalla scrittura, questo manoscritto, che avrebbe dovuto dormire per sempre, ha deciso, ed autonomamente, di svegliarsi. È stato necessario tagliare circa quaranta componimenti, ma quelli inclusi ed il formato non hanno subito alcuna revisione del contenuto originale. L'unica revisione ha interessato la punteggiatura. Tutte le virgole a fine verso sono state fatte sparire per non ostacolare lo scorrere libero delle parole.

La lettura potrà risultare, senz'altro, più difficile, ma, se la voce di chi legge è voce di chi si accosta con animo pronto a riempirsi, allora questa voce sa dove rallentare, dove sostare più a lungo, dove riflettere, dove gioire, dove eventualmente soffrire, dove fermarsi e liberarsi finalmente.

Stante la mancanza di una buona versione inglese, viene qui proposto solo l'originale in lingua italiana. Non ci sarà un nome o nomi individuali, come non ce ne sono mai stati. Esso, infatti, non è mai appartenuto e non appartiene individualmente a chi l'ha scritto, perché reso possibile solo dall'idea del Gruppo Culturale e dall'interazione umana e culturale dei partecipanti, il cui contributo, non chiaramente idividuabile o isolabile, ha comunque intessuto e permeato il racconto in maniera inscindibile. Non solo il contributo dei partecipanti, ma anche quello più inafferrabile, più sottile di quelle voci che arrivano a chi scrive da fonti vissute in tempi e luoghi diversi ed anche non vissute.

Chi scrive, in realtà, fa sempre parte di un Gruppo, e chi si definisce poeta sa o dovrebbe sapere bene che non si tratta mai soltanto della propria individualità e dovrebbe anche cercare di superarla, riducendo l'espansione del proprio ego.

La mancanza di nomi vuole anche simolizzare questo importante riconoscimento della vera essenza della Poesia, che sta in sé e si serve dell'individuo, ma solo come un medium.

Adelaide, Aprile 2024

Trittico e Quarta Cosa

"Tu sarai l'unica a sapere, quando sarò partito,
che non tornerò mai più, e mi cercherai
dove dovrai cercarmi: non guarderai nemmeno
la strada per dove mi allontanerò e scomparirò,
che tutti gli altri, invece, vedranno stupiti,
come per la prima volta, piena di un senso nuovo,
in tutta la sua ricchezza e la sua bruttezza,
emergere nella coscienza."

Pier Paolo Pasolini: "Teorema"

Avvertenza

Il Poeta

Il poeta è un mediatore
un agente che crea negli altri
l'urgenza di fare affari
concludere contratti
di scambio di ricchezze.

Il poeta è un ambasciatore
scambia messaggi
fra Uomo e Spirito
ambasciator non porta pena
viaggia con il lasciapassare
ma paga per i suoi viaggi.

Il poeta è un disoccupato
perché non ha mestiere
non è malvagio, né santo
ma agente ambasciatore
di metamorfosi importanti.

Questo libro

Questo libro è una scala
poggiata sulla terra
diretta verso il cielo
si tiene solo in sé stessa.

I suoi gradini si creano
il suo equilibrio nasce
scendendo nella terra
pagina dopo pagina
rigorosamente.

La parola

Vibra la parola nelle sue sette onde
l'onda centrale sulla terra
tre onde sottoterra
tre onde salgono al cielo.

La mia parola
cadrà come una saetta
sul campo elettromagnetico
che sei tu, amico mio
e lo farà vibrare
in tutta la sua possibile intensità.
E l'intensità dipende
amico
dal gradino al quale sei giunto
sulla tua scala.

Autointroduzione

Poesia di Natale

Noi non siamo i poeti
che parlano di tramonti rosati
o albe traslucenti
su questo disco infuocato di terra.

Noi siamo quelli
che hanno tagliato gli alberi e i fiori
con la scure
nei giardini delle proprie vite
per poter condividere la sorte
di quelli vivono
senza alberi
e senza fiori.

Il Transaustralis

Abbiamo preso treni diversi
tante volte
nelle nostre vite diverse.
Arrivi, partenze, tempi e luoghi
fisicità diverse
e ci divorava una inquietudine uguale
del partire sempre e continuo
come fossimo nati
in sale d'aspetto di stazioni ferroviarie
e in attesa del treno giusto
ingannavamo il tempo
soffiando sui freddi vetri
di quelle porte squallide
il nostro caldo fiato ci isolava
dalla gelida realtà dei binari.

Ti vidi un giorno passeggiare di fuori
Intirizzito, le mani in tasca
lo sguardo lontano, assorto, ma nervoso
ed una paura sotterranea mista ad un senso di pace
in arrivo.

Ti chiamai
attraverso l'oblò
che avevo disegnato nel mio fiato sul vetro

con la manica del cappotto.
Fu solo il movimento delle mie labbra
che ti arrivò
la voce no
ma mi seguisti sullo stesso treno
che viaggiò per quattromila chilometri
senza mai fermarsi.

Fu solo all'arrivo
nella pausa attonita, ovattata
quando il treno scivola nella stazione
e non senti rumore alcuno
per un secondo appena
prima che si spalanchi il chiasso dei viaggiatori
che ti arrivò la mia voce
partita da quell'oblò.
Mi chiedesti, prima di scendere
ci sono altri poeti in questo paese?

Si, ci sono altri poeti in questo paese

Eri dall'altra parte del torrente
e mi facevi dei segni strani
con le tue mani che parlano.
Ti agitavi su un prato verde
inglese, pettinato
con aiuole ordinate alle spalle.

Ah, sì! dicevi che ti mandassi una barca
in modo da passare al di qua
dove io stavo a guardarti.
Ti mandai una barca
mille poesie
in una lingua non tua, ma tua
per esserci in qualche modo passata
con la tua vita.

Giungesti e ti vidi da vicino
ed eri calda e sorridevi
e sempre cantavi con le mani.
Il tuo viso nel bianco dei capelli
mi richiamò la dolcezza
di tovaglie a quadretti bianco e rosso
dentro una cucina, dentro una famiglia
dentro un paese, non so quanto tempo fa.

Corresti poi per le scale di quell'edificio
fatto di piramidi sui prati verdi
stagliato contro il cielo azzurro terso
e sapevi tutto di tutto, come era fatto dentro e fuori.
Allora ti chiesi, mentre ti venivo dietro
dimmi, poeta

in questa tua lingua ordinata
dove le parole si mettono in fila
per ottenere il loro significato preciso
hai tu il potere o il diritto di inventare
parole nuove che non stiano in fila
e con il canto delle tue mani
muovere via quei fucili puntati
pronti a sparare, ciechi e ordinati?

Cantare in coro

Che importa sapere
quando si ode cantare in coro una canzone
di chi sono le voci
chi sono i cantori
quali diverse speranze
nascondono
nei loro corpi tutti diversi
quali ansie
quali spasimi di vita
quali dolori e rinunce
ne hanno solcato il tronco
se quello che si libera nell'aria
non è più di nessuno ed è di tutti
inconsistente, eppure reale
inafferrabile, subito si dilegua
legato al tempo dei minuti
non più fisico suono, ma armonia
destinata a saziare
milioni di anime
sparse sulla terra.

Spirito del mondo

Chi siamo noi
che interroghiamo
che interrogate
i nostri visi e le mani
e un miscuglio di visceri
e di cellule
possono forse avere un nome
un significato
un'importanza
un merito proprio?
E forse che noi aspettiamo un premio
da voi?
Sarebbe come dire
aspettare un premio da sé stessi
un autoincoronarsi
in un mondo deserto.
Non chiedeteci chi siamo
perché siamo voi stessi
siamo fatti di millenni
di speranze
e desideri
e domande
e angosce
e fervori
di carne e misticismo

in questo mondo di cielo e terra
dove le domande sono sassi lanciati verso il cielo
e le risposte sono proiezioni di noi stessi
incolpevoli di noi stessi
ricadono come macigni a sprofondarci
fino al centro della terra
o diventano palloni grandi e leggeri
che ci rapiscono negli azzurri che si dilatano
all'infinito.
Chiediamoci tutti chi saremo
se avremo voglia di esserci ancora.
Come sperimentando un mondo di magia
leggiamo in noi le nostre mani
e le nostre stelle
il futuro nei nostri occhi ciechi
che parlano attraverso il buio
chiaroveggenti
o medianici
posseduti
dallo Spirito del mondo.

Parte Prima

Corpo

*Viaggi, Terra, Tunnel,
Società, Nazione, Pianeta,
Altro Mondo*

Viaggi

Andare e restare

Chi di noi ebbe più coraggio
quelli che andarono
o quelli che restarono?

Ci dissero che eravamo noi
noi che andammo
chiamati solo dall'ignoto
ad avere coraggio.

Per anni credemmo fosse vero.

Ma chi restò con i vecchi
che erano troppo vecchi per andare?

Di terra in terra

Non fu ricerca di cibo
che ci spinse fuori dai campi di grano
fiammeggianti di rosso papavero
verso le nebbie del Nord.

Quei fischi di treno nelle pianure sospese
in un inverno basso senza tempo
tutto immoto, opaco, silente
solo i pioppi scarni, diritti dentro la foschia
in rigida fila
ci venivano incontro rapidi, taglienti
in un silenzio bianco grigio senza uccelli
scomponendosi in mille precise geometrie
per poi subito diventare una macchia informe e scura
alle nostre spalle
il passato, greve, senza ricordi
impastato di sonno senza sogni.

E partimmo ancora una volta
ma solo la metà di noi questa volta
l'altra vi rimase impigliata
fra quelle spine e bacche rosse
delle rose selvatiche
emergenti dai sassi e la neve

in un punto preciso della nostra memoria
che non riuscì più a trattenerci del tutto.

Cercammo altre presenze
o altri silenzi
o il distacco da migliaia di anni
popolati da milioni di uomini e di pensiero
che ci avevano generati
e distratti sempre
con il loro assordante e intricato rumore
insopprimibile
di giorno e di notte.

Era forse un passo verso una via diritta
senza fine, con orizzonti sempre illusori
alla ricerca di quegli spazi stellari
che sono dentro di noi
in attesa
da miliardi di anni luce
dove ascoltare
con lo sguardo sbarrato
per cogliere un segno di fine
alla nostra inquietudine.

Caro Padre

Caro Padre
ti penso a lungo
mentre sto volando nella notte
verso l'Australia.
Non osai baciarti
sul tavolo di marmo
ma ti accarezzai la fronte
non sapevo che la morte pietrifica e stupii.
Vito disse, portiamolo a casa.
Nella cucina
teatro della nostra famiglia
ti aspettavano le donne
per la prima volta senza paura
era troppo per me, uscii dalla porta di dietro.
Era un 27 dicembre pieno di sole.
Più tardi
una lunga colonna di macchine
ti accompagnava al paese.
Mia madre disse, in preda a fervore
te, te, sembra uno sposalizio!
Quando arrivammo ad Avigliano
per la via della stazione
tutto il paese fu qualcosa di unico
fu amore che ti venne incontro
i passi, le parole, i baci
le campane della Chiesa Madre

e l'odore del pane
tutto si confuse insieme
come in un solo palpitante cuore!

Caro Padre
anche tu, come me ora
andavi nella notte
ma quanto diversi erano i tuoi viaggi!
Avevi cinquant'anni quando io nacqui
andavi a prender vino ad Acerenza.
Al ritorno, i muli carichi e silenziosi
fendevano dolcemente la neve
mentre tu solenne e intabarrato
sedevi sul dorso, dormendo
i baffi congelati eran tutt'uno
con la falda del cappello.

Ti svegliavi poco sotto casa
alle tre di notte circa
e secondo l'umore
intonavi una canzone a mia madre
Concetta, accendi la luce
ché il padrone tuo è ritornato!
oppure digrignavi i denti
pronto ad ammazzare di botte Concetta
colpevole solo di dormire
alle tre di notte.
Ma tu, Padre, eri la Vita!

Quei due mondi

Quei due mondi
che ho lasciato
emigrando due volte
sono come due grandi cerchi
chiusi
ma tangenti in un punto
e così distanti
che mi sembrano spaziali
eppure so che abitano dentro il mio corpo.

Adesso in questo terzo mondo
io nuoto come in uno spazio aperto
senza gravità.

Vorrei trovare una circonferenza
intorno a me
e sentirmi stringere
come da un paio di braccia
che mi riportassero sulla terra.

Il tuo viaggio della speranza

Arrivasti in quest'ultima terra
cosciente di cercare ricchezza
una ricchezza avuta e perduta.
E subito, quando ti incontrai la prima volta
vidi la ricchezza che cercavi.
Attratta dalla più pura magia del mondo
sollevai con le mie dita antiche e avide di sapere
il coperchio di quel cofanetto prezioso
e vidi "le gioie" della tua umanità.

Volevo affondarvi le mani, toccarle, sentirle
guardarle, abbracciarle, aprirmi il corpo intero
agghindarmi di dentro, ricucirmi di nuovo
con saldi punti, per non perderle mai
fondermi con esse, essere uno, essere tutto
non cercare più niente
quel tesoro era mio, perché solo io, neanche tu stesso
l'avevi mai visto!

E tu non hai creduto
al tuo stesso viaggio della speranza!
Come un cane mi hai lasciata abbaiare
puntando al tuo cuore
in una eternità di tempo e di spazio.
Come il più crudele padrone

mi hai lasciata morire di fame e di sete
e di frustate.

Per te non ero un buon cane.
Tu aspettavi da me la selvaggina.
Io aspettavo che tu mettessi il tuo tesoro
nella banca della conoscenza
perché tu solo, fra tutti, avevi detto
Io sono Cittadino del Mondo
e sono Immortale!

In cerca dell'uomo

Ricordo quando planasti
con la tua navicella spaziale
su questa luna australe
venendo da lande antiche e stanche.

Camminavi come danzando
senza quasi toccare questo suolo
i tuoi occhi socratici giravano
da un lato a quello opposto
curiosi, protuberanti
nello sforzo di comprendere
il reale di questa terra.

Io vidi la tua pericolosa illusione.
Se cerchi l'uomo, ti dissi
qui non esiste.
Se vuoi trovare l'uomo
gira le palle dei tuoi occhi
verso il tuo cervello
e lì lo vedrai
perché è lì che io l'ho visto
mentre scendevi dalla tua navicella.

Terra

Australia, primo incontro (1976)

Questo tuo grande corpo pieno di fiori
fluttua sull'oceano spumeggiante
e si apre al sole con amore
gli occhi socchiusi in un fantastico oblio.

Australia!
così fuori del tempo
tu balli e balli
e incoroni regine
come in un lontano gioco da bambini
mentre si ammazza la stanca gente del mondo.

Australia!
io non vorrò vederti piangere
sui tuoi fiori maciullati
qualcuno, forse, un giorno strapperà
il libro della tua infanzia.

Mi regali ancora la mia vita

Australia
quale miracolo di sensazioni
mi regala questa nebbia mattutina
e questa pioggia che batte all'imbrunire
perfino risento
il diretto delle cinque
risalire nel vento dei binari
che odorano d'inverno.

Australia
tu mi regali ancora la mia vita
un miscuglio di lacrime e di canti
una tristezza sconvolgente, le ore
passate dietro a una finestra, i pensieri
fermarsi ad uno ad uno, sentire
il tempo e le stagioni
e tutto nella natura avere un senso
ancora
un messaggio d'amore.

Di nuovo mi sento chiamare

È l'una di notte
abbaiano i cani
la stessa luna
lo stesso silenzio
la stessa paura
quell'orologio in cucina.

Eppure trent'anni sono passati
da quelle mie notti in Lucania.
Ora sono in un altro emisfero
e di nuovo mi sento chiamare.

Poesia dissepolta

Grazie, amico italiano
per il quadro che mi hai regalato!
La sera che arrivasti
dopo un lungo viaggio fra milioni di stelle
lasciasti un pacco a casa mia
facendo finta di niente.
L'indomani dicesti
c'è un quadro per te in quel pacco
ma va incorniciato.

Mi inginocchiai sul tappeto
e lentamente cominciai a scartare.
Il pacco era intatto, senza il segno di essere passato
nel turbine degli aeroporti.
Solo di sé stesso diceva, Fragile, Fragile, Fragile.
Cosa vuole rappresentare? ti chiesi.
È una macchina, non vedi, una macchina che muove la terra
è il simbolo di un inizio a costruire.
Ma qui non si può incorniciare
non esiste neppure un principio per iniziare
un lavoro così delicato per un quadro italiano.
Provaci, via, bisogna pur tentare!

E così passai dall'uno all'altro corniciaio
e poi mi dissi, no, questo quadro non si può incorniciare!

e lo misi in un angolo a stare da solo per terra.
Poi ti chiamai e brutalmente ti dissi
questo quadro non vale
vedi, non mi dà sensazioni, non mi fa tremare
questo quadro te lo puoi riportare!

Tu eri distrutto e quasi piangevi
ti sentivo agghiacciato fino al cuore
eppure, dicesti, ci deve essere un modo
per capire
per sentire un'opera d'arte
anche in questo nuovo continente.

Anch'io ero agghiacciata fino al cuore
e guardai quella macchina dipinta
che aveva i fari spenti e senza vita
ma questa volta in fondo ai fari
intravidi una luce lontana
come accesa tanto tempo prima
nelle stanze più remote del passato!
Quella luce mi fece trasalire
era calore e dolore al tempo stesso.
Non ne parliamo più, dissi
lasciamo andare, almeno per stasera.

Poi tu partisti e mi lasciasti il quadro
e quella macchina che muove la terra
non avendo cornice che frenasse

prese a muovere i suoi lunghi bracci
che senza far rumore alcuno
sciolsero i catenacci
spalancarono i cancelli di bronzo e di ferro battuto
aprirono le porte blindate, mossero i busti di acciaio
le armature antiche che io avevo rubato
agli antichi guerrieri nei musei
per avvolgere e fasciare la poesia
in quel punto là, vicino al cuore
dove basta solo un soffio per la vita.

Lì eri sepolta, poesia
e questa macchina che ha scavato fino al cuore
ora ci ha entrambe denudate
e tutto adesso può ferirci a morte
e già ci manca aria e respiro
e già ci affama l'ansia di parole
nel deserto che preme tutt'intorno.

Io sono una Madre bianca

Mi sono buttata bocconi sulla terra
la mia faccia affondava nella sua polvere
ho aderito tutto il mio corpo a lei
premendolo contro il suo
allargando le mie braccia
per sentire il suo abbraccio.

Dimmi terra, tu che sai ancora parlare
ai tuoi antichi figli neri
e nelle tue onde di polvere rossa
trasmetti i messaggi delle madri
ai figli perduti nel deserto
dimmi terra, cosa vuoi farmi capire
qual' è il messaggio?

Canta la tua magia di Madre bianca.
Il tuo canto raggiungerà quest'uomo
sempre
e gli impedirà di perdersi.
La tua canzone muoverà i suoi piedi
in percorsi circolari che si snoderanno l'uno dentro l'altro
concentrici e sempre più brevi
fino a portarlo al centro di sé stesso.

E dal centro di sé stesso
seguendo sempre il tuo canto
egli partirà per il grande storico ritorno.

Tunnel

I miei figli

I miei figli non mi appartengono
da quando mettemmo piede in questo mondo
in cerca di nuovi valori per loro.

I miei figli non appartengono a questo mondo
da quando lasciammo il nostro.

I miei figli non appartengono neppure a sé stessi
perché non sanno chi sono e cosa vogliono.

I miei figli si sono perduti per colpa mia.

Io li sto cercando da tanti anni
martoriata dalla mia responsabilità
e sogno che un giorno
vedrò i loro visi e quelli dei compagni
chini su di me, curiosi a studiarmi
supina, con le mie viscere aperte
su un banco di scuola.

Il sacrificio del poeta per la terra del duemila

Solo il poeta
lascia tracce umane
sulla terra del duemila.

Cammina nella notte
con i suoi piedi pieni di pianto
in città pianificate
nate nel deserto
intorno a *shopping-centres*.

Portato dal vento
come un seme
a raccontare di umanità morenti
come fossero civiltà in declino
noi l'abbiamo fatto prigioniero
nel nostro grembo terreno
avido ed assetato
di voglia di essere fecondo.

Il pianto del poeta
e quello dei suoi figli
rimasti ad aspettare
si spegne dentro il sangue
che in noi dà vita ai canti
per i figli del duemila.

Paese

Sentirti mio
solo attraverso un altrui sacrificio
trovarti
solo in un'altra carne spezzata
accorgermi
che tu pure hai un'anima
solo attraverso lo sguardo del dolore
in un altro
desiderare
di aprire la tua terra
e affondarvi le mani
cercarvi il mio nutrimento
dopo una lunga stagione di fame
fino ai limiti estremi
e quasi all'odore di morte
aprire, infine
la mia bocca e cantare
di questa avventura
umana
e non aver paura
di restarvi uccisa.

Soffrire di più

Rinunciare a tutto
per volere tutto
come se questa fosse la ricetta
per saziare
la nostra fame di vita.

Chiedere più dolore ogni giorno
come se il soffrire sempre di più
ci rendesse meritevoli di premio
ma i santi non sono più di moda
e i giudici della giuria
sono chiamati
a santificare
chi è stato capace
di soffrire meno di tutti

il dolore di vivere
e non sapere il perché.

Vincere alla fine

E forse che si può vivere
di vittorie che arrivano alla fine
come un pane da mangiare
quando non si ha più fame
per sempre
un vestito da indossare
per la morte
una musica per sordi
un sogno per chi non può dormire
un'alba nel tramonto
il sole mescolato nella notte.

Che senso avrebbe vincere
o non è forse meglio perdere
arrendersi e farsi trafiggere
quando ancora il sangue è caldo
soffici le vene portatrici di vita.

Società

Donne, Uomini, Gente, Città

Donne

Anna e la verità

Dal groviglio di paure del bambino
nasce la menzogna dell'uomo
a nascondere quella verità, che è male.

Tu piangi, Anna, perché vuoi la verità
ma sarai pronta a capire
il male nella vita?

O vuoi la verità
solo per condannarla
come se il male
non fosse parte di noi
per necessità naturale?

Condannare il male non ci aiuterà a crescere.

Luisa

Ti ho chiesto di amare un uomo solo
ma non per te
non per me
per lui.

Ti ho pregato di bussare alla sua porta
per vederlo vivo
ogni giorno
di appoggiare l'orecchio alla sua stanza
per sentirne il respiro regolare
ogni notte
vegliando sui suoi sonni e sogni
e smanie ed incubi notturni
di aver cura di lui
ogni momento.

Un uomo debole e ammalato
di paure
e di menzogne
e tu lo hai venduto
per pura perfidia
per vederlo strisciare ai tuoi piedi
sapendo del suo bisogno.

Ho sempre davanti agli occhi
il tuo largo sorriso
di bambina
in cui avevo riposto il mio credo
dalla mia infinita lontananza.

Sisina

Sisina
dolcissima
il tempo è passato
di quelle nostre passeggiate
in Via Carducci o in Piazza Vetra
o tra l'oro delle foglie, al Parco.

Il tempo è passato
di quelle nostre corse
nell'umida pineta
delle tue allegre risate
coi bambini
in cerca di funghi in val Ferret.

Il tempo è passato!
In una notte lunga dieci mesi
il cancro ha divorato
i tuoi bellissimi anni.

Mia madre e la carità vergognosa

Bisogna dare di propria iniziativa
a chi non chiede
per troppa vergogna.

Tu non sapevi altro, non mi hai detto altro
ed io so che questo solo serve al mondo
per prendere controllo di sé stesso.

Hai sofferto la fame da bambina
eri figlia di nessuno
ed in quelle terre bruciate dalla miseria
ti avvicinavi all'ora di mangiare
alle capanne del villaggio
morivi dalla vergogna, e se ti chiamavano
scappavi via come un piccolo animale.

Allora i contadini impararono
a trattarti come un pauroso cane randagio
indovinando la tua presenza dietro il pagliaio
ti buttavano un pezzo di carchiola
tu lo afferravi al volo e sparivi
e dopo che ti eri un pochino sfamata
piangevi di gratitudine, sola con te stessa.

Madre mia, era questa forse
la carità vergognosa di cui dicevi
la lezione che tu hai ricevuto in vita?

Uomini

Loris e Poesia

Ti chiamavi Loris
e avevi grandi occhi blue, umidi
e lontani.
Mi parlasti del presentimento
della gioia
incontrandomi e guardandomi
dal tuo mondo sotterraneo.

Scrivevi.
Ti amo, splendidamente
sei come poesia
ciò che l'uomo perde
al mattino, al suo risveglio!

Scrivevi poi.
Il profumo
nella tua lettera
mi ha fatto tremare!
Con viole appena colte
tra le spine del tuo bosco
hai scritto
cucito
ricamato
ti amo!

C'è troppa poesia
che mi condanna a restare nei miei abissi
dove non c'è gioia
ma solo grandezza.
Come potevi aspettarti l'amore?
No, non mi arrendo alla Poesia
e non posso accontentarmi di meno!
I poeti son costretti a sognare
io voglio vivere i miei sogni
sono un lurido genio
che potrebbe solo salvarsi
se, invertendo i ruoli
Euridice venisse quaggiù
a cercare Orfeo
quaggiù, dove sta soffocando.

Scrivevo.
Sola, come sempre
io ritorno a cercare me stessa
in un mondo che non è mio
perché a nessun mondo appartengo
ancora!

Luigi e la scienza

Avevi la scienza e nient'altro.
Passavi immobile nella vita
tutto d'un pezzo
neanche il mio ardente richiamo alla Vita
riusciva a smuoverti.

Odio la tua scienza.
La scienza è fredda
la scienza ci separa
la scienza non è amore
la scienza ci porta alla morte
se tu non sai subordinarla a me.
Io sono la Vita e vengo prima
sceglimi prima di lei!

Tu non scegliesti ed io andai.
Tu lasciasti dopo la scienza
e fosti solo.

Il poeta ragioniere

È triste per un poeta
fare il ragioniere.
Preparare bilanci
ragionare di che cosa?
Se sia più giusto dare
senza mostrare
o non dare
mostrando di dare?

Bilanci di che cosa?
Di vita propria e altrui
di profitti, di perdite
di riserve accumulate
peccati che aspettano
eventualmente una pena?

Chi stabilisce i periodi
legati a quali soli, quali lune
per la chiusura dei conti
l'inizio di un nuovo ciclo?

Ragazzo dolce

Ragazzo dolce
con le scarpe da tennis
e tanta voglia di mare
e di vele

il tuo gonfio giubbotto
quasi azzurro
tenero sulla tua voglia
di abbracciare
a cui sai rinunciare
con un eroismo
di cui s'era perso il profumo

i tuoi primi capelli bianchi
e i tuoi figli persi nel mondo
in attesa di ritrovare
il senso della vita.

Il personaggio più bello

Quasi non conosco il tuo nome.

Mi vedevi farti del male
per soccorrere un altro uomo
tu soffrivi in silenzio
e quando quell'uomo mi ha massacrata
mi hai chiesto il mio dolore
da soffrire, prima del tuo
per farmi credere ancora.

Ma tu non hai mai saputo o saprai
quanto dolore e amore
ho consumato per te
affinché tu divenissi
il personaggio più bello.

Gente

La partita di tennis

L'inglese di mentalità
e l'italiano di mentalità
s'incontrano per una partita di tennis
su un campo australiano.

L'italiano
fantastico, poetico, bizzarro
giocherellone, imprevedibile
elastico, veloce e insondabile
tira colpi in tutte le dimensioni
del tempo e dello spazio.

L'inglese, dopo aver corso per un po'
da destra a sinistra
slanciandosi
dal basso in alto
senza prendere una palla
credendo l'italiano in mala fede
per sua natura
e per l'occasione
perde la sua pazienza aristocratica.

Figlio di puttana
razza di traditori
tu lanci la palla a sinistra
quando vedi che io corro a destra
e in basso quando io mi slancio in alto!

Puttana fu Eva, che era anche tua nonna
ma vai piano con la razza, amico!
Il fatto è che la tua è una razza organizzata
e pretendi di sedere in un meeting prima di ogni lancio
per metterci d'accordo a quale angolo e quale livello
io lancerò la palla
in modo che tu sarai già là in attesa
sintonizzato a riceverla.
La mia invece, come sai, è razza di artisti e pensatori
fantasiosi.
Noi lanciamo e riceviamo elasticamente
a tutti gli angoli e a tutti i livelli
tutti i momenti.

Con L'organizzazione, noi vinciamo
la vita è realtà, non è poesia!
ribatte arrogante l'inglese.

Sarà!
Ammetto che voi viviate meglio
concede l'italiano
noi, però, moriamo meglio.
I quaderni dei pianificatori
e dei contabili
si sono persi nella storia umana
ma la poesia no
anche quella non scritta!

Oltre la *fence*

Numero 1, Via Ginger, Ginger.

La famiglia sta gustando il tè
davanti alla televisione.

Stanno trasmettendo un servizio
su un tale, che parla un'altra lingua
ma dice di sapere molte cose sul mondo.
Abita al numero 2, Via Ginger, Ginger.

La famiglia si guarda dubbiosa
poi alla fine si dice convinta
è oltre la *fence*
e non è la nostra tazza di tè!

Cafone

Tu sei dell'Italia del Nord, non è vero?
Non puoi essere una calabrese!

Perché?
Perché tu non sei una cafona!
Io sono nata in una regione vicino alla Calabria
ma non credo che i calabresi siano cafoni!

Strano! e si grattano la testa.
Noi abbiamo letto in un dizionario
contadino dell'Italia del Sud=cafone.

Dove è stato fatto questo dizionario?
In Italia.
Bene, sapete, noi Italiani
siamo un popolo molto vivo
perché non abbiamo mai avuto uno spirito di nazione
non per nostra colpa
ma solo perché ogni altra nazione
ha sempre approfittato di noi.
Così abbiamo imparato a fotterci l'un l'altro per
sopravvivere
ma questa parola " fottere" non esiste nel nostro dizionario
Io l'ho trovata in un dizionario inglese qui in Australia.

Non siamo tutta gente interessante?

Città

La città australiana

C'è un punto sulla collina
da cui posso guardare la città australiana.
Un mare di casette dal tetto rosso
come un enorme gregge di merinos
stanno affondate fra l'erba alta
e sonnecchiano brucando.
Just browsing!

In mezzo un piccolo gruppo di palazzi scintillanti
con una corona di smog nel cielo azzurro
come l'aureola di un Santo
se ne sta come il pastore e si guarda le sue pecore.

Un pastore moderno con tutte le comodità.

Quante pecore bisogna ammazzare
per la grande villa con piscina e campo da tennis
la barca, la Merdeces, l'amica, i viaggi *overseas*
la lussuria
il peccato
di vivere predando?

La terra dei Signori della terra
(The land of the landlords)

Jhon dello *snack* bar accanto
sta caricando la sua grigia mercanzia
il frigorifero con lo smalto scrostato
il banco con le macchie lasciate
dai coloranti nei cibi a basso costo.

Il suo viso è diventato piccolo e ossuto
dal troppo pensare.

Quanto hai pagato per il business, gli chiedo.
200 mila dollari un anno fa!
Ho venduto la casa e ho il debito con la banca.

Un operaio fino a un anno fa!
Cinquant'anni spesi dietro un miraggio.
Quei maledetti mostri
che sussurrano in sogno alla povera gente
Business! Business! Business!
per affittare i loro ignobili negozi.

Ora il proprietario del palazzo
contratto o non contratto
ci caccia tutti fuori.
Demolendo e ricostruendo

guadagnerà molto di più.
Un palazzo ancora buono va in frantumi
e sparisce con le sue storie umane
di vita spezzata.
Non esiste ricompensa. Non ci sono diritti.

Questa è la terra dei Signori della terra
dove la legge si divide in due parti
quella scritta, si applica solo ai Signori della terra
per scrivere le clausole
che cacciano via gli inquilini
quella non scritta, si applica agli inquilini
che chiedono giustizia nelle corti
il giudice non trova il caso
oppure se lo trova, lo perde subito di nuovo.

Jhon dello *snack* bar accanto scompare con la sua mercanzia
io raccolgo da terra
quello che è rimasto del mio amato negozio
una penna.

Alla vigilia del Nuovo Anno

Sono le cinque e trenta
e hanno chiuso i grandi magazzini
nella *mall* australiana
alla vigilia del Nuovo Anno.

Io, dal mio albergo di vetro
dove vacue feste
vanno in effervescenza
piango con il povero pazzo
giù nella strada
che grida con l'indice puntato
alle vetrine dei grandi magazzini
il suo inutile pianto di protesta.

Vedo le sue spalle sussultare
dall'alto della mia sicurezza.
So che chiede solo di essere capito.
Lui ed altri mille pazzi come lui
creati dalla mia e dalla nostra indifferenza.

La città umana

Tu non emigrasti per amore
come noi tutti credemmo!
Sentir passare nella tua bella carne
i brividi di altre vite
soffocate nel silenzio
mentre tu, ignaro
ti ossigenavi alla tua storia.

Fu sogno.
E fu orgoglio a lungo ferito.
Sognavi di costruire una città
che fosse la tua rivincita finale
la tua nuova identità
in un paese senza documenti.
Non sapevi che l'orgoglio è vietato
all'emigrante.
Ma non il sogno.

Si, tu costruirai una città
ma non di strade, di case, di teatri
palazzi di vetro per congressi
passeggiate a mare con palme tropicali
e lampioni mediterranei.

Tu costruirai umana armonia
per ospitare l'uomo del futuro
senza paura del tempo da venire
case che possono crollare
voragini spaccare le strade
passeggiate divorate dal mare
o teatri dove l'uomo non è più attore
o palazzi per congressi di sordomuti.

Una città umana universale
scritta con l'offerta di te stesso
a questo paese.
Le tue lacrime congelate sul viso.

Nazione

1987

Torna il cittadino del mondo
nel millenovecento ottantasette
e dopo aver fatto un piccolo giro
nella città australiana
mi prende di petto e mi dice

cosa fanno i giovani in Australia
i figli di centocinquanta nazioni
altro che mangiare *snacks*
e bere *cordial* e coca
appiattiti davanti la televisione
che ripete lo stesso programma
da quando furono partoriti
davanti la scatola parlante?

E tu cosa fai qui da dieci anni
sei qui per vivere di che cosa?
Ma smettila di frignare e fai
per questi tele-annichiliti
un ottantotto australiano!

Tira fuori i giovani, fuori!
portali sulle strade
mettili a passeggiare
mettili a cantare
mettili a scazzottare
ma falli parlare, cazzo, falli parlare
tirala fuori la tua filosofia!

Dalla torre di controllo
(ottantotto australiano)

Solo noi
nascosti nella torre di controllo
potemmo vedere chiaramente
quello che avvenne sul prato.

I Signori della Pianificazione
avevano deciso
che il giorno era arrivato
per la prova generale
della Celebrazione.

Tutti giunsero nel grande prato verde
preparato per l'occasione.
I bambini si disposero al centro
accovacciati per terra
con le gambe incrociate.
Gli adulti, in piedi
formarono un cerchio tutt'intorno.

Si comandò l'inizio del canto.
Ma non funzionò.
Solo i bambini riuscivano a cantare
la Nazione.
Gli adulti, invece, fecero una grande confusione

perché ognuno cantò la sua nazione.

I Signori della Pianificazione
che non avevano previsto
si seccarono per prima con sé stessi
e poi, a denti stretti
comandarono
assimilazione!
Ubbidienti, gli adulti
riprovarono il canto da capo
e poi ancora da capo
e da capo ancora.
Il direttore del coro
era furibondo.

Allora tra di loro
cominciarono a levarsi delle voci
umili e sottomesse.
Si disse
non è questione solo di parole
è questione di toni della voce
di timbri, di registri
tutte cose impossibili a cambiare
come impossibile è cambiare la Nazione.

I tecnici del suono
dovettero convenire
e provarono a spiegare ai direttori

che in effetti ci si doveva ripensare.
No way! gridarono costoro.

Il coro reagì con la cagnara.
Era protesta, ma anche insulto grosso
qualcuno, infatti, cominciò a gridare
quanto eran superiori
le voci di coloro
che non riuscivano a cantare
la Nazione!
Per mancanza di sassi
volarono fili d'erba
al di sopra delle teste.

Finalmente i tecnici del suono
convinsero i direttori
a ritirarsi in consiglio
fino a trovar la soluzione.

Le ore passavano lentissime
per gli adulti in piedi
in mezzo al prato
e i bambini accovacciati
in attesa della soluzione.
Ogni tanto scoppiava una rissa
per la rabbia di quegli adulti
che sapevano cantare la Nazione
e non per loro colpa

erano costretti ad aspettare.
Dalla nostra torre di controllo
vedevamo scoppiare i pugni
come petardi
in ogni parte del campo.
I bambini, alla vista del sangue
un po' piangevano
un po' ridevano
divertiti.

Azzurrissimo il sole divampava.

Finalmente, verso sera
uscirono i direttori
dalla fresca stanza del Consiglio
profumata di tè.

E si dettò la soluzione.
Tutti gli adulti
che non sapevano cantare la Nazione
si portassero agli estremi bordi del campo
dove già gli addetti tracciavano cerchi
con il gesso bianco sull'erba.

Prendessero posto dentro ogni cerchio
tutti quelli che cantavano
la stessa nazione.
In ogni cerchio si eleggesse

un direttore del coro
e in ogni cerchio si cantasse
per proprio conto.

Così si poté ricominciare
la prova generale.

In mezzo al prato
arrivarono i giornali
e la Televisione
e fecero un bel servizio
sul canto in Nazionale.

Nei cerchi, intanto
alla vista dei Mass Media
si gridava e scazzottava
ognuno volendo essere
il direttore del coro.

Il fatto fu che i cerchi
erano così distanti
che i Mass Media Nazionali
neppure s'accorsero
della loro esistenza
e andarono via senza filmare.

Senza più stimolo e solo per far bella figura
col cerchio più vicino

ogni cerchio cercò di cantare
meglio dell'altro.
Ognuno però stava rinserrato
nella linea del cerchio
per evitare che la sua voce
si legasse a quella dei vicini
creando
la Cooperazione.

Ad un certo punto
i bimbi accovacciati
al centro del campo
cominciarono a lagnarsi
per la fame.
Shut up! sibilarono labbra rinserrate.

Allora i bambini
dei genitori nei cerchi
cominciarono a cantare
in internazionale
e poi per protesta
ai alzarono e scapparono
in ogni direzione
formando girotondi.
In ogni girotondo
si cantò per proprio conto.
Per commozione
qualche lacrima scappò

agli adulti nei cerchi
e stinse i gessi
agli estremi bordi del prato.
Nessuno mai aveva pensato
che i bambini conoscessero
i canti dei cerchi.

A quel punto
fra lo stupore generale
ma anche la confusione
di tecnici e direttori
noi pensammo era il momento
di uscire allo scoperto
per evitare il fallimento
della prova generale.

Gridammo col megafono
dall'alto della torre
cancellate i gessi
richiamate i Mass Media Nazionali
e cantate tutti insieme
il MULTICORO in UNICORO!
Non abbiate paura
di sentire stonature
solo saliranno al cielo
all'unisono
le voci di coloro
che soffrono insieme

per creare la prima, vera
UMANA NAZIONE!

Ci fu prima un silenzio generale
poi tutti i direttori del coro
nei cerchi
per la rabbia di perdere l'onore
si scatenarono in fuga
all'impazzata
verso la torre
decisi a farci fuori.

Ci trovarono caduti abbracciati
feriti quasi alla morte
e sì che nessuno aveva sparato!

Ma, all'ospedale
un medico che sapeva parlare
disse che era stato
un fucile con il silenziatore.

Nessuno si occupò dello sparatore
e neanche di noi in agonia
perché tutti
persino il medico
corsero a cantare
in mezzo a tutti gli altri

il MULTICORO
IN UNICORO.

Oggi nasce l'Australia
e nel 2188 avrà duecento anni.
Per quelli che saranno!
disse l'Italiano accanto a me
e chiuse gli occhi.

Amico mio, non morire!

Che dal nostro dolore nasca un canto
dalla nostra consumazione un mito
dalle nebbie del pianto un nuovo sole
dal nostro passato perduto un futuro più caldo
per i nostri figli soli

dall'amore respinto o rinunciato
una nuova santità
dai nostri passi nel deserto
una strada fiorita
dal nostro sacrificio un nuovo ideale.

Che dal nostro dolore nasca un mondo!

Pianeta

Il disarmo dei bambini

Ho letto un libro degli extraterrestri.
Dice che se vogliamo cominciare
da qualche parte
per trovare la strada che porta al Cielo
dalla quale siamo venuti, un tempo
dobbiamo raggiungere l'accordo mondiale
sul disarmo dei bambini.

Anch'io una volta avevo pensato
come possiamo fare i cosmonauti
se non raccogliamo prima in noi
tutta la terra?

Chi ci porterà la Cultura?

Chi scriverà per noi la storia
chi ci porterà la novella
con la parola piana
e dolce
da bere come fosse acqua?

A noi.

Noi che siamo i camerieri
i parrucchieri del mondo
gli operai della Holden
la Fiat, la General Motors e tutto il resto
noi che sgozziamo i maiali nei macelli
i mortadellari
i venditori di stracci o mele
sulle bancarelle del globo
noi che viaggiamo con la bocca
sulla bocca puzzolente
del camion dell'immondizia
i guidatori di TIR sulla mappa terrestre
noi che laviamo le petroliere
o raccogliamo la merda negli ospedali
noi che facciamo le puttane o i puttani
noi che siamo i posteggiatori

i cucinieri con le viscere bucate
dagli scoppi dell'olio bollente
i postini e i portatori di pane e latte
i muratori, gli imbianchini
gli sbloccatori di fogne intasate
noi che siamo bianchi, neri, rossi e gialli
e siamo gli analfabeti della cosiddetta 'Cultura'.

Un giorno arriva un tale che dice
"la filosofia è la palingenetica obliterazione
dell'io pensante che si immedesima e si infutura
nell'archetipo prototipo
dell'antropomorfismo umano."

Ma che significa
ma tu chi vuoi coglionare?

E lui
Io sono la CULTURA
se mi volete con voi
mi dovete pagare bene.
Avete lavorato tanto
adesso avete i soldi
ma non avete me.
Io posso rendervi pazzi
per le mie parole oscure
e posso ricattarvi in ogni momento.

E noi
ma vaffanculo
e impazzisci tu
a trovare le parole
piane e dolci per noi!
Chi cazzo vuoi ricattare?
Noi siamo il 99 per cento!

Con noi ci sono pure gli impiegati per natura
dietro uno sportello
o sotto il capo
i maestrucoli con le nozioni stantie
i professorini con la sedia incollata
e i professoroni tromboni
gli ingegneri e gli architetti
che condizionano folle umane
nei loro cubi ciechi di aria e luce
i dottoricchi che scrivono sempre visite
gli avvocatuzzi che perdono cause vinte
e i dottoroni e gli avvocatoni che contano soldoni
ci sono pure i politicanti di cui non si sa
qual'è il dietro e quale il davanti
e i giudici con la bilancia
che non sanno decidere
se mettersi o togliersi la parrucca.
Infine ci sono gli scienziati
con tutte le loro scienze separate
e ci sono tutti quelli

che con pazienza innata
amministrano i culti-vati.

E ci sono pure i nuovissimi
i tecnocrati della Cultura
stilisti, nozionisti, puristi, definisti
elegantisti, perfezionisti
tutto sapisti, ma niente capisti
del mistero totale.

Noi stiamo ancora aspettando
Quell'Uno che manca al cento per cento
Il Sintetizzatore
Totalizzante
il nostro Messia Culturale!
E tu, bel tipo, analizzati un po'
che non ti sei
mai analizzato!

Polvere atomica

Mi hai portata ad un tale punto
di distruzione
uomo mio
che mi hai ridotta a polvere atomica
io che sono la tua terra
la tua casa
il tuo amore che non può morire
se tu vuoi vivere ancora.

Ora sento che non posso più darti
altro che la mia presenza
se devo continuare ad amarti
perché il mio prossimo darti
su questa via
è spezzarmi a catena
in tutti i miei atomi infiniti
con tale fragore
che tutte le stelle cadranno
non si sa dove.

Lasciami giacere
raccogliermi
trattenere in me
con le mie mani dolenti
questa mia polvere fine

respirare, piano
piano
allentare
la pompa del cuore
e dormire
aspettando che tu mi porti il tuo amore
finalmente
come l'acqua
a legare i miei atomi sciolti.

Altro Mondo

Grazie, Mister Chandler!

Sono arrivata nella tua casa
mi sono seduta sulla tua sedia
ho respirato i tuoi pensieri
ho riposato nei tuoi silenzi.

Poi sono uscita nel tuo giardino
e mi sono ammantata delle tue foglie
mi sono intrecciata con i tuoi fiori
ho cantato con i tuoi uccelli
e ho detto

Grazie, Mister Chandler!

E poi sono rimasta immobile
per anni
consumando il tuo paradiso
nel mio silenzio.

E la tua casa, la tua sedia
i tuoi pensieri e i tuoi silenzi
sono usciti da me
e ti hanno seguito
nella tua nuova residenza.

E le tue foglie, i tuoi fiori, i tuoi uccelli
sono usciti da me
e ti hanno seguito
nel tuo nuovo giardino.

Ah! Che ho fatto, che ho fatto!
piangevo.
Che cosa non ho portato con me
che non ho donato
a Mister Chandler!

So io quello che non hai portato
e non hai donato!
interrompe il cittadino del mondo
seccato e triste.
Non hai portato te stessa
l'hai lasciata impigliata
tra le spine di quella rosa selvatica
davanti la porta di casa
o non vedi le gocce del tuo sangue
cadute sui sassi e la neve
ogni giorno, da allora?
Solo poche gocce ti restano ormai
per piangere il tuo ultimo pianto
o cantare la tua ultima canzone.

E mentre canto la mia ultima canzone
la tua casa, la tua sedia

i tuoi pensieri, i tuoi silenzi
le tue foglie, i tuoi fiori e i tuoi uccelli
tornano dentro di me
e il mio sangue risale goccia a goccia
dai sassi e dalla neve
dentro me stessa e mi libera
dalle spine di quella rosa selvatica
ed io emigro per la terza volta
salendo da questo spazio aperto
senza gravità
salendo tutta intera
ad altro mondo.

Parte Seconda

Anima

*Amicizia, Amore,
Disamore, Umanità,
Valori*

L'apparizione dell'anima

La piccola mente
si affacciò al balcone
della sua casa.

La notte era rotonda
e alta di luna chiara
e stelle di luce appuntita
e bassa di foglie
amoreggianti
con venticelli malandrini
e richiami intrecciati
di insetti ed animali.

L'emozione del vivere ed esistere
e del perché e quando e come e dove
e se e poi
salì così forte dentro di sé
che la piccola mente si sentì svenire.
Ho paura! gridò e corse dentro
cadendo come morendo sul suo letto.

Quando riprese le sue forze
nel chiarore della sua stanza
guardò al balcone spalancato.
Perché ho avuto paura di morire

se è di là che arriva la luce?
si chiese angosciata.

E la risposta venne
rotonda e chiara come la notte fuori
le venne dal di dentro di sé stessa.
Tu hai bisogno di un'amica
diversa da te e un po' più grande
che ti tenga la mano quando esci sul balcone
così se ti senti svenire, lei ti sorregge
e tu non hai più paura.
Un'amica per parlare
non senti che tutti si parlano fuori?
Solo tu sei sola e sei così piccina!

E l'amica emerse dal di dentro.
Sul pavimento della stanza
inondato dalla luce della notte
si disegnò l'ombra immateriale
dell'Anima che usciva sul balcone.

La fanciulla si girò poi verso la stanza.
Vieni! disse alla bambina
noi cresceremo insieme
dividendo il lavoro della vita.
Io so soffrire e amare
ma da sola non posso stare in vita
io non ho consistenza

e per darci la mano sul balcone
tu dovrai assicurare la mia sopravvivenza.
Io mi prenderò le tue calde emozioni
dell'amore e del dolore
e le soffrirò per te.

Esplorerò oltre il tuo balcone
spingendomi fuori ai limiti estremi
dove tu da sola non potrai
e ti dirò tutto ciò che ho visto
ma tu dovrai chiamarmi sempre
ogni notte, ogni giorno
perché se smetti di chiamarmi
le mie dita si scioglieranno dalle tue
cesserà la mia sopravvivenza
e tu potresti morire
svenendo per forti emozioni
e battendo il capo sul marmo duro del balcone.

Amicizia

Ad un amico Stregone

Stregone disoccupato
che per campare
ripari le stelle rotte
oggi tra le tue mani immense
che maneggiano il fuoco senza luce
è caduto un piccolo diamante
rotto a metà
così piccolo che stenti a ritrovarlo
tra gli scavi anneriti del tuo palmo.

La sua delicatezza
quella sua luce abbagliante senza corpo
ti apre universi sconosciuti
ti scompone in tenerezze mai sentite
ti accasci per terra e ti chiedi
quali strumenti invisibili inventare
per questo lavoro
o se non vi sia rimasta solo la magia
come unico possibile rimedio.

Essere dipendenti

Ho avuto un solo amico
un tempo.

Un giorno che io ebbi bisogno
di lui
non gli parve vero
di sentirmi suo dipendente.

Tirò la corda
intorno al mio collo.
Sentivo la sua gelosia
per tutto quello che io ero.

Triste lasciai fare.

Prima dello stratto finale
scostai la sua mano
con la forza del mio amore.

Gli dissi

lascia stare, lo faccio da me
ma prima lascia che io scriva
il mio testamento
in tuo favore.

Amore

La morte di mio padre

Non ho aspettato che mio padre morisse
per poterlo amare.

L'ho amato da vivo e tanto
giorno per giorno
anche quando era crudele
per la mia sensibilità.
Parliamo di un padre all'antica
che raccontava del Carso e l'Albania.

Ho smesso d'amarlo il giorno che è morto
non gli serviva più.
Ora lo ricordo
non so dov'è sepolto e non mi importa
io porto fiori ai vivi, non ai morti
ma le sue leggi sono le mie leggi
per la mia vita d'oggi.

Quando morì mia nonna

Ricordo quando morì mia nonna
non era una nonna vera
perciò la chiamavamo Ianna.

L'amavo. Ero cresciuta
quasi nel suo ventre
avevo diviso con lei il letto
la cucina, la sedia
vicino al fuoco
il caffè d'orzo che lei tostava
il boccale del vino
quella ceramica essenziale
che aveva una faccina fredda
ed una calda, nelle serate d'inverno.

Insieme coprivamo il fuoco
prima di andare a letto
le sue due uniche fiabe già raccontate
buona notte al vento nel camino nero
alla catena, alla lucina a petrolio
al sacco del sale grosso
alla montagna di fave e grano nei cassoni.

Avevamo spigolato insieme
scartocciato granturco
riempiti i materassi delle sue bianche foglie
saltato sul letto alto fino al cielo

fragrante di natura
avevamo lavato insieme
sulla pietra levigata del torrente
steso i bianchi teli sulle spine
avevo baciato il suo sangue
che sgorgava dalle fragili vene delle sue mani
per ogni nonnulla.

Un giorno disse ed era antichissima
è tempo di andare a casa
alla vera casa di noi
e morì.

Non riuscii a provare dolore.

Mi divertii, tornando dal camposanto
a disfare la sua storia.
I suoi ferri da calza, quei gomitolini
le fotografie di Giambattista in America
un fratello mai più rivisto
che ogni tanto scriveva e faceva piangere
la mia dolcissima Ianna.

Tutto fu disfatto, trattenuto o buttato
con totale godimento, vergognoso e inconfessato
di ricominciare, con una svolta
una nuova storia d'amore.

Uomo, compagno mio

Uomo, compagno mio
mi piace camminarti accanto
affiancati
modulare il mio passo
in accordanza con il tuo
sentire il tuo passo
accordarsi col mio
come fossimo due strumenti musicali
decisi a rompere il silenzio
in avanti.

Raccontami

Vorrei poter passeggiare
la tua mano sulla mia spalla
il mio braccio intorno ai tuoi fianchi
per tutte le strade possibili
i giardini, i boschi
i prati, le spiagge
camminare nell'acqua, sulla neve
tra i fiori
per sentirti parlare di te
tutto quello che hai da dirmi
e non mi hai detto
e ti gonfia dentro.

Raccontami
i libri che hai letto
i pensieri tuoi
le cose che hai visto
le musiche ascoltate
i quadri che hai dipinto
le poesie che hai scritto
le paure dell'uomo e del bambino
dentro di te
in attesa di me.

Per me da quando sei nato
per me che potevo capirti.

La pena di questa attesa
interminabile di anni, anni
sempre alla ricerca di te
sapendo che esistevi
sempre alla ricerca di me
sapendo che esistevo.

Vorrei

Vorrei poter suonare
un organo forse
uno strumento grande
che si alzi verso il cielo
per svelarti quest'armonia
questa potenza d'amore
farti sentire immenso
accendere sotto di te
i razzi della partenza
capace di te
andare ovunque
sentendoti accompagnato.

Vorrei poter dipingere
un quadro enorme
dove i colori soltanto
siano la ricchezza profonda
calda
delle mie braccia
intorno a te
quei rossi perduti
ricordi?
non sono perduti
sono vivi dentro di me.

Vorrei poter proiettare
su uno schermo gigante
la mia anima
fatta parole, musica, colore
nell'attimo supremo
e infinitamente continuo
del sentire la tua anima
ed insieme fondersi e cantare.

Ti amo come sei

Ti amo come sei
anche se come sei
mi fa morire

sei solo ossigeno
per il mio corpo terrestre
ed io vorrei
che fossi ogni giorno
anche cibo
per la mia anima.

Chi può perdere l'amore

Uomo intelligente
hai passato la vita a inferocirti
contro l'amore ricevuto
accusandomi di colpa
se non mostravo di amarti
accusandomi di violenza
se mostravo di amarti.

Ti sei creduto capace di saperlo perdere
e hai voluto dimostrarlo a te stesso.
Come potevi perdere
ciò che non è tuo?

L'amore appartiene
solo a chi lo sente
tu non hai perso niente.

La presenza

Io sono la presenza
accanto a te
ti parlo
ti vivo
ti precedo
ti affianco
ti seguo
ti dico
buongiorno, amore
ogni mattina, all'alba
e poi ogni millesimo di secondo
fino a sera.
E a sera, ti dico
buonanotte, amore.

Ci sono tante nuvole nel mio cielo
e le stagioni si danno la mano
una dietro l'altra, non sono per me
io non le vedo passare.
Ci sono tante stelle nella mia notte
e le costellazioni si danno la mano
una dietro l'altra, non splendono per me
io non le so chiamare.

Troppo tardi per vivere per me.
Non ci sono telefoni, né strade
solo questo bianco silenzio
con cui tu mi rispondi.

Quest'amore che nessuno vuole

Quest'amore che nessuno vuole
non si sa neanche perché esista
troppo grande per essere contenuto
troppo bianco per essere indossato

quest'amore imbecille
che si scusa quando viene offeso
che assiste con occhi spalancati
al ferimento di sé, come trattasse d'altri

quest'amore antiquato
che aspetta sempre una lettera
nell'era della non comunicazione

quest'amore ridicolo
che si arrischia nel desiderio umano
di sentire la presenza dell'altro

scemo amore scemo
senza diritti o speranze
che persiste testardo e perduto
che si attacca ai carri delle stelle
volendo a tutti i costi arrivare
a quella stazione del cosmo

dove non sarà più accusato
di essere inutile o dannoso
e dove il ricatto finale, sordidamente in agguato
brutale e violento
arrogante, perverso, egoista, maligno e scellerato
sarà finalmente illuminato e snidato
e amato, amato, amato.
Maledetto amore!

Sto aspettando

Sto aspettando che il tempo passi
cerco nei ricordi
un amore tenero, di vetro
che taglia il sangue
con la dolcezza degli occhi
il desiderio di mescolarsi a me
divenuto fiamma azzurrina

io vado in cerca di questo amore
nuotando in pozzanghere di vento
il bosco impazzisce nel temporale

cerco un amore
di parole nudo
divorato da sé stesso
nell'ansia di offrirsi a me
terso come cristallo
rabbrividendo.

Il canto dell'amore immortale

Io vivrò dentro di voi, dopo la morte
uomini miei
uomini del mondo
so solo cantare amore
e chiedo tanto.

Mettetevi tutti insieme
tutti quanti
io canterò per voi le mie rinunce
ho sete, ho sete
e non mi serve bere
tutta l'acqua del mondo
non è tanta.

Sono immortale io
io che non ho bevuto mai.

Melograno

Sono un melograno
maturo e spaccato al centro
per volere del sole
e dell'amore.

Ti ci vorrà una vita intera
per mangiare questi miei chicchi
gonfi e rossi.
Sono così tanti
strati e strati
assiepati, incastrati
disposti a spicchi, a intaglio
a ventaglio
a diadema
a punta di diamante
a profondità inesauribili.
Sono di un rosso scarlatto
e cupo
ma anche color sangue
e geranio
e vino brillante
trasparente.

In ogni chicco c'è un cristallo
che va a punteggiare il tuo cuore
di dentro e di fuori
e si scioglie in zuccheri e dolcezze per te
UOMO HUMANITAS!

Disamore

La cellula cancerogena

Perduta in sé stessa chissà come
la cellula cancerogena
non conosce più amore
sente solo sé stessa e la sua sterile mente
non appartiene più.

Non sente la sua cellula sposa
né i parenti, gli amici, il vicinato
la sua città e l'intero corpo umano.

Passeggia e si pensa
e mentre passeggia calpesta e spinge
senza sentire le urla del dolore.

I suoi orecchi son sordi
il cuore non riflette sensazioni
il suo cervello sinistro è il solo padrone
l'anima è offuscata da una coltre di nubi.

Silenziosamente intorno a lei si fa il vuoto.
Come birilli, milioni di cellule
cadono per perdita del proprio centro
e non per invasione o massacro.

Toccate dal disamore
della cellula cancerogena
le prime del cerchio intorno al suo passeggio
non reggono al dolore
e si lasciano andare all'indietro
sul corpo di altre cellule.

Il cancro procede
come uno che sviene nella folla stretta in piazza
e si abbandona con la testa e le spalle
sul corpo di un altro
e quell'altro sull'altro e l'altro ancora
fino a che tutto è morte e silenzio intorno.

Il cancro non si estirpa con il taglio dei chirurghi
e le radiazioni dell'odio.
Il cancro si annulla con iniezioni di amore
nella cellula cancerogena.

Prova a parlare parole di amore
a chi ti viene incontro a massacrarti
e se le tue parole falliranno
afferra la sua mano quando ti sarà vicino
e con la tua altra mano cingi il suo corpo
e abbraccialo
e avrai vinto.
La sua violenza vive solo della tua paura
o del tuo odio.

"Ou revoir les enfants"
(Film)

C'est la guerre! tu dici Giuseppe
caldo nel cappotto grigio e la sigaretta in mano
avuti dalle S.S., mentre mandi a morire ad Auschwitz
in un giorno grigio d'inverno
tre ragazzi come te
con i quali fino a un minuto prima
avevi barattato
le tue povertà rubate
le tue paure e i tuoi giochi.

Avevo avuto pena per te
povero ragazzo di cucina, ragazzo solo
malmenato da tutti
i tuoi piedi deformati
dalla mancanza di amore.

E tanto più quando il Padre Rettore della scuola
dovette cacciarti via per dare la prova pratica
del suo insegnamento religioso e civile.
Povero ladruncolo di cucina, sorpreso nel suo peccato
solo al mondo, viene mandato via dal suo unico rifugio
ma dove?

Io non so dove andare! piange Giuseppe
ma al povero religioso è vietato il suo amore di uomo.
Egli è il Capo della Scuola e deve suo malgrado
applicare la legge degli uomini e di Dio.
Ho avuto pena anche per lui, ma io ero per te
e chi non sarebbe stato per te, Giuseppe!

Ma dopo ti ho condannato, e per tante volte
per quante erano le vite distrutte dalla tua povertà
perché noi avevamo detto
"È più facile per un cammello
passare attraverso la cruna di un ago
che per un ricco attraverso la porta del Paradiso!"
e avevamo pensato
che i poveri di ricchezze sono i veri ricchi del Paradiso
e non è vero
se il povero non sa accettare
la pena per il suo peccato, ma ne tesse
una tela melmosa di vendetta
tradimento e assassinio senza un palpito solo
di amore umano.

Il non avere ricevuto amore
non ci dà diritto mai
a non sentire amore.

Le tue mani

Oggi rivedo le tue mani
nell'altra metà del mondo
in cerca di amore impossibile
le tue mani che non hanno mai amato
nessuno.

Ho lasciato che strisciassero dentro di me
le tue dita di gelo
infilate nei percorsi delle mie vene
dalla punta dei miei piedi al cuore
al cervello
soffocando o impazzendo
ogni volta che il tuo disamore
premeva stritolando il mio sangue.
Salvarti con la mia vita
farti sentire amore
forse è stato solo sogno.

Oggi rivedo le tue mani
inerti lungo i fianchi
spaventose e tinte di sangue
il mio sangue aggrumato
che grida
un'impossibile sepoltura.

E proprio per questo
tu non puoi andare oltre di me
e cominciare di nuovo
il tuo fare e disfare da neurotico.

Tu ti fermerai e comincerai ad amare.

Umanità

La storia

Non ho mai sentito
la storia
e non ho mai letto il giornale.

Non ho sentito l'importanza
le passioni
il sangue
gli ideali dei popoli
e lo spirito di Nazione.

Ho invidiato
quelli che partecipavano
e mi sono messa a guardare la vita
dal di fuori.

Sopra ogni ideale
trovavo un altro ideale
sopra ogni passione
un'altra passione
sopra ogni Nazione
un'altra Nazione.

Cercavo l'Uomo
e senza saperlo
lo cercavo nel Cosmo

dove non c'è storia
ma solo il presente
e non c'è ancora
l'Uomo.

Ciò che chiamiamo Umanità
deve ancora arrivare sulla terra.

Ciò che è realmente Umanità
la Storia ce lo dice.

Il male aggiunto dell'uomo

Se noi vogliamo ancora sperare
di dare al mondo umano un divenire
c'è una sola cosa che non dobbiamo perdonare
il male aggiunto dell'uomo
quella malvagità
solo fine a stessa
solo tipica dell'uomo
per una distorsione incomprensibile in natura.

Il male fa parte degli istinti di vita
ma la vendetta che trascina altre vittime innocenti
oltre la vittima stessa della vendetta, no!
ma l'odio che distrugge tutti i rapporti umani
oltre quello odiato, no!
ma il sadismo che sfregia
un corpo già ucciso, no!

Non dobbiamo negare o giudicare o condannare
ciò che chiamiamo male
solo cercare di arginarlo e curarlo
col suo stesso antidoto, l'amore.
Il male non si può eliminare
se non eliminando l'uomo stesso
e tutta la materia creata
perché male e bene

non sono che i due poli
attraverso cui si manifesta
l'elettricità della vita.

In attesa di coscienza
il pensiero dell'uomo
che si sveglia
e diventa signore delle sue forze opposte
noi dobbiamo denunciare e condannare
la misura del male, l'eccesso, l'extra
affinché scatti nell'uomo un galleggiante
a bloccare l'altrimenti inarrestabile flusso
della sua distorta umanità.

I nobili animali uccidono
solo per fame
e quando sfamati
lasciano la preda e vanno.

Valori

I miei valori

La mia poesia nasce solo dal vivere
la mia fantasia ha i piedi sulla terra
i miei valori non sono mai fine a sé stessi
ma servono solo l'uomo e la vita
in nome di questi idoli io li vivo e li soffro
e in nome di questi idoli io posso anche spezzarli
se spezzandoli, io sento
che potrò salvare
l'uomo e la vita.

E vincerò.
Anche se per vincere
dovrò arrendermi prima.

Il cavallo di Troia

Ti ho lasciato costruire il tuo cavallo di Troia
e ti ho aperto le mie mura
fingendo di credere al tuo inganno
solo per accoglierti nella mia morale
che adesso uso come la punta di una spada
a sollevare le tue palpebre
e scoprire questi tuoi occhi bassi
e dirti che questa donna non ha paura!

Io ti aiuterò a combattere, uomo
e a vincere nella vita
ma solo con la morale
non con un cavallo di Troia.

Menzogna, inganno, tradimento
false segnalazioni
devono essere confinate alla preistoria dell'uomo
alla sua infanzia, piena di paura.
Io ti ho mostrato come si cresce oltre la paura.

Oggi scendiamo in guerra
con la morale di guerra
che richiede precise segnalazioni
della volontà di combattere.

Come gli animali arruffiamo il nostro pelo
o allarghiamo la nostra ruota piumata
o zappiamo con le zampe nella terra
o accendiamo i colori delle nostre squame.
E solo quando siamo sicuri di aver ben segnalato
lottiamo da uomini, con occhi grandi, rotondi e diritti
la nostra chiara pupilla sulla pupilla del nemico.

Quando crescerai?

Ti ho incontrato a vent'anni
dicevi bugie colossali
a me che le vedevo nel tuo cervello
prima che uscissero dalla tua bocca.

Ti dissi
ti aspetterò dieci anni
a trenta sarai cresciuto!
Dopo tre anni, non avevi fatto il minimo progresso
ti lasciai a crescere da solo.

Ti ho incontrato a quarant'anni.
Neanche per un momento ho pensato
alle tue antiche bugie.
Eri nel pieno della crisi
ed eri venuto a me per essere aiutato
a ritrovare te stesso.
Era ovvio che eri cresciuto.

Dopo tre anni ti ho regalato
un bellissimo album
su cui ho incollato
le tue nuove
colossali bugie.

Sarai cresciuto a sessant'anni
a ottanta
o quando?

Se sarai cresciuto prima di morire
chiamami
io vivo solo per vedere il risultato
di tutto quello che ti ho dato
vivendo per te.

Il delitto contro i sentimenti
(La caccia)

Impersonava l'ideale, il bell'ombroso.
Gentile, tenero, attento, sempre lì
con quei suoi occhi dolci
carichi di promesse di un amore senza fine
muti nella offerta di sé stesso
e quando le baciava la mano
sfiorandole appena appena la pelle
lei sentiva le volute dell'amore
attorcigliarsi intorno alla colonna dorsale
come una spirale di fuoco.

Lei non conosceva gli uomini
io volevo proteggerla
era così indifesa contro il male.
La presi in disparte e le dissi
ma non lo vedi nella sua realtà?

Ma lei mi attaccò come una faina
tu sei gelosa! mi disse.

Allora presi lui in disparte e gli dissi
perché l'hai fatto?
Hai suscitato in lei dei sentimenti
l'hai fatta innamorare

ma non capisci cosa signifrchi
per una che non ha mai avuto amore?
Tu potresti ammazzarla!

Lui sorrise, sornione.
Mi piace la caccia, disse
quella lunga serie di appostamenti
di avvisaglie
quell'andare intorno al luogo della preda
 facendo finta di non scorgerla
poi ogni tanto accendere il suo corpo di fremiti
solo con la coda dell'occhio, farla aspettare così tanto
che alla fine è lei stessa che si dà per vinta
tanto è stremata
esausta, arsa dal desiderio di farla finita
con quell'attesa tormentosa di una mia mossa.
Quello è il piacere, mia cara
la preda che ti arriva da sola tra le mani, calda
col sangue che batte impazzito sotto il soffice pelo
senza vita e senza morte
senza via d'uscita.

Ah, sì?
Tu giochi con i sentimenti degli altri
perché nessuno ha mai giocato coi tuoi?
Ammazzi e vai esente da pena
perché in nessuna coscienza

è mai nata la giusta morale
da insegnare.

Questa volta io fui la cacciatrice e tu la preda
ti proponevo amore e non per gioco
scuotere il tuo corpo con gli stessi fremiti
imprigionarti nella stessa trappola
vederti arrivare tra le mie mani
senza vita e senza morte
senza via d'uscita
per sentire il tuo dolore finalmente
avvitarsi intorno alla tua spina dorsale
bruciando tutte le scorie del male
e fare di te un uomo che non gioca più
ad ammazzare.

Il gioco dei ruoli

Sapevo che tu eri innamorato.
Ti amo, ti dissi per prima, al colmo della gioia.
Sei stata indelicata, rispondesti
dovevi aspettare fino a quando
te lo dicessi io per primo!

Perché, dove è scritto
che una donna
non abbia diritto ad esser vera
esser sé stessa, ogni momento
e vivere i suoi sentimenti
senza reprimerli o rinnegarli
come te, uguale a te, uomo?

Sapevo che volevi incontrarmi.
Ti voglio incontrare, dissi per prima
in mezzo ad un grande prato
odoroso di malva, a maggio
tu camminerai
il lato opposto al mio
io camminerò
il lato opposto al tuo
e ci incontreremo
nel punto centrale
dove nessuno potrà raggiungerci

perché nel punto centrale
ci si fonde e si diventa invisibili
all'occhio nudo.

Ero ragazza a proporti questo
ero ancora indelicata nel gioco dei ruoli.
Tu non volesti.

Un giorno eravamo in pieno centro
una piccola aiuola
con tutta la gente intorno.
Volevi un prato? dicesti.
Ecco questo è un prato.
Ma non ci fu fusione
per la nostra immaginazione
solo la tua reticenza
peggio della menzogna.

Essere anima, essere femmina

Sentirsi amati
così tanto
che un uomo rinuncia a tutto
pur di comunicare
con l'anima bellissima
portata dal corpo vivente
di una donna vera.

Sentirsi non amati
perché l'anima bellissima
non è portata
da un bellissimo corpo di femmina.

Sentire ancora una volta
che si ha voglia di non nascere mai
o nascere uomo
se da femmine
non possiamo vivere
nelle nostre anime
se da anime
non possiamo vivere
nei nostri corpi
perché quest'uomo che ci sta accanto
ha scartato il sublime
inseguendo un miraggio
vuoto.

Femminismo, dove vai?

È ora di finirla
con i corsi e i ricorsi storici.
Finora l'umanità ha guidato la sua macchina
come un ubriaco
ora tutto a destra, ora tutto a sinistra
ora sull'orlo del precipizio e zac una sterzata!
L'istinto di conservazione vitale
protegge pure gli ubriachi.
Ma così non si può andare avanti.
In ultimo arriva il femminismo.
Allegre, ragazze, adesso è finita la supremazia del maschio.
Adesso è l'era delle femmine.
Non dobbiamo più sottostare al ricatto dell'uomo
adesso anche il figlio ce lo possiamo fare da sole!

Femminismo, fammi capire, dove vai?
Guidi anche tu da scellerato
solo perché hai messo le mani sul volante?
Tu non parli di direzioni, di programmi di viaggio
di tappe, di punti di arrivo.
Con i tuoi capelli al vento, su questa macchina scoperta
 ti è caduto sulla testa
il sole di agosto
e tu stai impazzendo, come una cicala.

Io penso a questo tuo figlio che ti vuoi fare da sola.
Un essere umano, non un oggetto e neanche un nemico
da sfornare
per altre future feroci femministe.

Io sono una donna e con l'uomo voglio dividere la guida
senza fumi d'alcool in testa o colpi di sole.
Voglio fare con lui una società
non al 49 e 51 o al 51 e 49, ma 50 e 50.
Io faccio società nuove. Non compro azioni
in società già fatte.
Nessuno può vincere, nessuno può perdere.
Insieme vinciamo. Insieme perdiamo.
Compagni di lotta e di sentire
insieme facciamo
l'uomo del futuro.

Ho sempre amato il mio compagno uomo
ma gli ho sempre dato filo da torcere.
Il mio per l'uomo è un grande, dolcissimo amore
ma brucia inesorabilmente
tutte le sue scorie.

Il donnismo

Sì, forse è l'ora di diventare donne
se gli uomini devono diventare uomini
e cambiare strada e nome al femminismo
e chiamarlo donnismo.

Non passiamoci troppo per vittime
anche noi abbiamo fatto la storia
facendo le Eve nei letti di uomini importanti
trascinandoli nel vortice
di piacere senza fine
istupidendoli
partecipando
influenzando
prendendo le loro decisioni
spesso ingiuste e assassine.

I miei peccati

Metto sulla tavola i miei peccati
aprendoli come una mano di carte da gioco.
Io sono la donna nella partita della vita
e lo faccio solo per mostrarti
come si fa ad uscire dalla paura
a te che sei l'altro giocatore.

Lo faccio per darti l'esempio
senza esempi non si tracciano strade
senza martiri non ci sono religioni
senza eroi non ci sono rivoluzioni.
Sto aspettando che tu ti decida
a mettere in tavola le tue carte.

Non potrai fare il vigliacco
non più.
Ho distrutto i confessionali
dove aspetti il perdono
facendo sssssssssssssss
la paura che gli altri sappiano
e intanto noi paghiamo
i lunghi tribunali.

Il popolo in piazza è il solo confessore
il popolo non giudica, non perdona
il popolo usa i tuoi e i miei peccati
per tirarne l'insegnamento
per i bambini nelle scuole.

E se io fossi la coscienza?

Ne sono passati di uomini
davanti agli occhi della mia anima!
A tutti ho chiesto tanto di tanto
tanta verità
tanto capire
tanto coraggio
tanto altruismo
tanta dolcezza
tanta amicizia
tanto amore.

Un giorno uno dei miei uomini mi disse
la cosa più terribile
è che noi due per amarci
dovremmo rinunciare per sempre alla felicità.
Sembrava un controsenso.

E se io fossi la coscienza?

Scuola, Religione e Scienza

Noi bravi genitori ed insegnanti
diamo ai nostri ragazzi
la possibilità di scegliere
gli studi da seguire
per formarsi alla vita.

Ma abbiamo diviso le scuole
a seconda della religione
e in queste scuole
non è possibile scegliere
la religione da seguire
per formarsi allo Spirito.

Io non sapevo come aggirare
questo stato di cose
e dissi a mio figlio
non studiare la religione
perché prima o poi introdurremo
lo studio delle religioni comparate
al posto della sola religione
e sarà più facile per te
iniziare col tuo cervello senza informazioni
che far posto ad altre nuove
dopo che la prima si è radicata.

Le religioni sono come abiti
vanno tutte bene a coprire il nostro corpo
quello che non va bene è il pensare
che chi indossa un abito diverso dal nostro
sia un eretico, infedele, dannato
una bestia da infilzare
con la spada delle nostre crociate.

E quando avremo veramente ben capito
allora arriveremo all'essenziale
religione universale.

E saremo liberi dal portare prebende
a quelli che si sono sempre arrogati
il diritto a mediare
la nostra salvezza
tenendoci intanto stretti nella paura.

E non opporre mai la religione alla scienza
perché finiranno per dire la stessa cosa
e la materia da studiare sarà una sola
scienza religiosa
o religione scientifica
che farà di te
un cittadino di terra e di cielo.

La vita delle cose e l'amore per il lavoro

Un tempo le cose vivevano come l'uomo.
Venivano concepite, nascevano e morivano
prima o dopo di lui.

Adesso noi spendiamo tutto il nostro tempo libero
a seppellire cose appena nate, senza amore
ma loro non riescono neanche più a morire.

L'universo è sommerso
da pezzi di plastica vaganti ed agitati.

Il nostro lavoro che non amiamo
e che ci imprigiona nella nostra materia
produce le cose da seppellire
nel nostro unico tempo per vivere e divenire.

E questa è la catena stolta
creata dalla nostra scienza.

Il delitto di plagio

Nel codice penale del mio paese
c'è una pena per le persone
che possiedono altre persone
riducendole a totale soggezione.

Mi chiedo se possiamo accusare di plagio
la grande industria, la grande distribuzione
la grande campagna di pubblicità di prodotti e di idee
cha hanno fatto di noi tutti dei plagiati a vita.

Ma mi rispondo che di questa soggezione
dobbiamo accusare solo noi stessi
che non vogliamo conoscere
i nostri meccanismi istintivi e fatali.

Quelli che hanno studiati i meccanismi umani
si prendono i nostri soldi e la nostra mente
lasciandoci in cambio
uno stress che ci divora.

Sono come un polipo gigante
con mille tentacoli
occhieggia, bisbiglia, invita
si infiltra nella posta
si ramifica nella radio

nella televisione, a cinema, nei giornali
nei grandi magazzini, negli stadi, e dovunque c'è folla.

Ci accerchia, ci possiede, ci ossessiona
fino a quando compriamo, agiamo, pensiamo
o anche dormiamo, sogniamo o facciamo all'amore
al modo che vogliono loro.

Se solo potessimo innestare fra loro e i nostri istinti
la nostra potente, intelligente, umana, liberatrice volontà!

Quella che adesso chiamiamo volontà
non è che un meccanismo meccanico
di associazione e reazione di idee
che ha usurpato la nostra mente.
Noi e la nostra volontà
siamo ancora i grandi assenti
nella scena della vita.

Assicurazione contro l'ingiustizia

Abbiamo assicurato i nostri denti
le rotule, le ganasce
le braccia, le gambe, i capelli
e i calli sui piedi
ma non abbiamo assicurato la nostra spina dorsale
il tronco del nostro albero.

Con tutti i nostri rami e rametti e foglie ben tenute
noi riceviamo grossi colpi di scure sul tronco
dall'ingiustizia sociale
e non possiamo difenderci.

Quando i grandissimi ci colpiscono
anche se abbiamo ragione
dobbiamo solo tacere.
Per parlare e vincere ci occorrono non avvocati qualunque
ma avvocati di grido, lupi feroci del diritto
sciacalli amorali, ma efficaci contro la grande illegalità.

Non basta vendere le nostre case per saziarli.
Siamo soli.
Ma se ci uniamo e inventiamo una nuova assicurazione
che ci protegga contro il rischio dell'ingiustizia
pagando per noi le parcelle colossali dei nostri difensori
allora sì possiamo allontanare queste scuri dai nostri tronchi

e rivolgere la loro punta contro i grandissimi
e garantire almeno i valori
del nostro presente sistema legale.

I grandissimi non esisterebbero se noi non avessimo dato loro
il nostro sangue.
Ma non possiamo permettere che diventino tanto grandi
da travolgere qualsiasi valore di vita.
Vogliamo finalmente svegliarci, noi che siamo i tanti
e perciò gli unici grandissimi della società?

Assicurazione contro le malattie dello Spirito

Il mio medico mi dice: spiacente, Signora
la sua è una malattia spirituale
io non ci posso far niente.
Si rivolga altrove.
Veggenti, psicotecnici e maghi
se ha danaro da buttare.

Ma scusi, interrompo io, secondo lei
Il Governo sa che siamo fatti di corpo e di spirito
e che per le malattie di entrambi abbiamo bisogno di mutua?

Sorride.
Ma le pare, Signora, che si sia proprio noi medici del corpo
a mettere questa pulce nelle orecchie del Governo?
Finché la barca va con il corpo
lasciala andare!

Sorrido.
Grazie, dottore, mi ha dato una idea per far soldi.
Un'assicurazione privata contro le malattie spirituali.
Fra pochi anni da queste malattie saremo tutti sommersi!
E finché la barca va con lo spirito
lasciala andare!

Il diritto a morire

Mi operarono nel fiore dei miei anni
e per troppa presunzione di sapere
o per incapacità
o solo per mio crudele destino
mi danneggiarono delicati equilibri vitali.

In vent'anni, giorno dopo giorno
assistita dalla medicina
si compiva la prima condanna
la mia salute usciva da me goccia, a goccia
come uno stillicidio
e fui immobile per sempre.

In altri vent'anni, giorno dopo giorno
assistita dalla medicina
si compiva la seconda condanna
il mio corpo usciva da me, pezzo, a pezzo
con la più raffinata tortura
e di me non rimase più niente
mentre vivevo.

Mi tagliarono prima un piede, poi l'altro
una gamba, l'altra gamba, il bacino, l'addome
il petto, un braccio, l'altro braccio, il collo
il mento, la bocca, il naso, le guance, le orecchie

gli occhi, la fronte, il cervello e con una aspirapolvere
risucchiarono i miei capelli, sparsi sul cuscino.

Ed ora ogni giorno mi somministrano farmaci
per tenere viva all'infinito
la mia ombra sul cuscino.

Io so solo che ho diritto a morire.

Mi chiedo perché questi uomini
sono così assillati
dal far vivere la mia ombra
mentre nelle piazze falciano a migliaia
corpi vibranti di ideali e di speranze
di giovani studenti ed operai disarmati.

Legge penale e dignità umana

Quando assisto ad un processo penale
mi sento triste.

Triste per l'imputato
per il pubblico accusatore
per l'avvocato della difesa
e per il giudice.
Questi sono i miei uomini
i miei compagni di viaggio
su questa terra
ed io dovrei credere in loro.

Ma come posso?
Ecco, vedi
stanno celebrando
la bugia istituzionalizzata
da altri uomini prima di loro.
La stanno celebrando compunti
come fosse una messa solenne
e non si rendono conto
che stanno trascinando per terra
la loro stessa dignità umana.

L'imputato, un uomo
che dovrebbe stare in piedi

nella sua posizione morale eretta
sta, invece, mentendo
come un bambino impaurito
negando, ripetutamente
quello che ha fatto.
Ma come potrà vivere in questo modo
con la sua coscienza di uomo?

Il pubblico accusatore
che, invece, dovrebbe fare
il pubblico scusatore
dei misfatti della società
che hanno contribuito al delitto
ora sa solo puntare l'indice
contro un uomo solo
come se fosse qualcuno
completamente isolabile
e non un semplice centro di scambi
di infiniti intrecci umani.

L'avvocato della difesa
che dovrebbe solo
cercare
intrecci umani
da portare alla luce
le cause che la società dovrebbe capire
per porvi rimedio in futuro
sta invece arzigogolando

su come negare sapientemente
ciò che l'imputato ha fatto.

Il giudice
che per legge si limita ad ascoltare
la menzogna legale
e non sente il bisogno
di buttar la sua toga
per ribellione al sistema
non aspetta che il momento
di amministrare giustizia sociale
che niente ha a che fare
con giustizia umana.

Io mi chiedo
se possiamo ancora continuare
a recitare questa farsa
se non possiamo togliere all'imputato
la paura di dire la verità
invece di puntarlo a dito
e piantargli addosso
i cannoni delle nostre telecamere
costringendolo a coprirsi il volto
se non possiamo farci intorno a lui
con compassione
per quello che ha fatto
suo malgrado
per quello che dovrà soffrire

per quello che poteva capitare
a ciascuno di noi.

Io mi chiedo
se da ogni delitto
la giustizia non abbia il dovere
di trarre indicazioni
da passare ad altre istituzioni sociali
per la crescita in senso umano.

Io mi chiedo
se la scuola non abbia il dovere
di insegnare a conoscere sé stessi
l'educazione a conoscere e guidare
i nostri meccanismi innati
i nostri segreti bottoni
segreti a noi
ma spesso non ad altri
che spingono così forte
fino a farci saltare.

Per non essere triste
avrei voluto abitare
un mondo fatto di uomini.

Per non morire triste
vorrei vedere il mondo
cominciare a cambiare.

La campanella del lebbroso

Passa il lebbroso
con la sua campanella
nel lazzaretto del mondo.

È l'unica figura morale
che ho incontrato
nella storia.

Lascia agli altri
la libertà di decidere
di salvarsi da lui
o farsi appestare.

Lo vedo arrivare
e gli vado incontro
tra la folla che si apre
istantaneamente
istintivamente
arretrando ai lati della sua via.

Il mio lebbroso è anche cieco
ma non ha un bastone
per guidarsi
non gli serve.
La sua campanella vale cento bastoni

perfino i muri si aprono
e i laghi si chiudono
al suo passaggio.

Io gli prendo la mano
e andiamo accompagnati
e alla fine del viaggio
il mio lebbroso è guarito
ed io non sono appestata.

Il vecchio australiano

Il vecchio australiano
è l'unica figura morale
che ho incontrato
nella mia vita.

Lascia sulla strada
la sua mercanzia
con un cartello
metti il danaro
in questa scatola.
Grazie!

Il vecchio australiano
non ha paura della disonestà
perché il vecchio australiano
non è disonesto.

Per vivere accanto a lui
su questo disco piatto
di terra rossa e bruciata
ho lasciato mia madre e le mie montagne
profumate di neve e genziane.

Ma il mio vecchio australiano sta morendo
ahimè!

Lo vedo morire nel volto
del poliziotto che usa altre vite
per fare la sua carriera
come ha visto nei film
e letto nei libri americani.

Lo vedo morire ogni giorno
in tutti quelli che mi rapinano
spinti dalla fame di danaro
una fame in sé stessa
come quella dei cani e dei gatti australiani
che mangiano per noia
ingrassando a dismisura
e soprattutto

lo vedo morire nel manager
di grandi magazzini e supermercati
che allunga ogni giorno
i suoi saloni di vendita
riempiendo le fila di scaffali
di centomila scatole uguali
senza odore di qualità

per darmi l'impressione
della sua stragrande potenza
che mi intorpidisce le gambe
solo a pensare a quelle lunghezze
da coprire

per arrivare
all'inizio della scatola diversa
e mi intorpidisce il cervello
solo a pensare a quei prezzi
che niente hanno a che fare
con il valore di quelle scatole esposte
ma hanno solo a che fare
con i costi di quelle estensioni
ma hanno solo a che fare
con i profitti netti
che il mio metallico manager
si è proposto di raggiungere.

Prendere e dare

Un giorno ti spiegherò esattamente
l'arcano del prendere e del dare
nella vita.

Ti dirò chi ha dato
ti dirò chi ha preso
chi ha dato nel non dare
chi ha dato nel prendere
usando le occasioni del prendere
per poter finalmente dare
quello che non poteva essere dato
altrimenti.

Oggi è troppo presto per te
per capire.
Tu non sei ancora maturo
per questo insegnamento.

L'educazione dei bambini
va secondo programmi
preparati in rapporto
alla capacità di apprendimento.

La mia scuola è fatta di bambini normali.
Non ho ancora visto un bambino precoce
a cui posso far saltare un anno.

La montagna d'oro

Quando tu ritornerai
con il badile ed il piccone
a cercare la montagna d'oro
e riempirti le tasche di fortuna
invano cercherai
tra le montagne blu.

La montagna d'oro esiste
mai ai tuoi occhi che non sanno vedere
essa appare
solo una volta
ogni cento anni.

Così dice la fiaba.

Parte Terza

Mente

Incomunicabilità
Comunicazione Effimera
Perdita Della Comunicazione
Capire Oltre
Malattia Mentale
Il Futuro Della Mente

Incomunicabilità

La stanza delle parole

Non accadeva mai niente
nella stanza delle parole
in cui vivevamo, credendoci vivi.
Tutto era così confuso
i sentimenti non erano mai
abbastanza sentimenti
per scelte precise, univoche, finali.

Vivevamo di nebbie
di geli
di monologhi
di mancate compiutezze
cose senza contorni
parole infilzate su aste parallele
con cui giocavamo contrapposti
e non si incontravano mai.

Ecco perché ti scelsi
a somiglianza del Padre
e chiusi quella stanza
riposando per anni
sulle tue certezze
sebbene morendo ogni giorno.

Morire per mancanza di parole
sarebbe stato più saggio
che credere di poter rivivere
ora
ancora una volta.

Comunicazione Effimera

Il fenomeno elettrico

Eravamo in tre nella stanza
e tu vi eri appena entrato.
La tua presenza muta
e poi i tuoi occhi
due laghi di catrame
si legarono alla mia presenza
e ai miei occhi
che segnalarono
con vibrazioni di luce.

In una stanza grigia
un mattino d'inverno nebbioso
in quella città affumicata
per la prima volta vidi
il fenomeno elettrico.
Una corrente intensissima
luminosa
e sconvolgente
investì i nostri due corpi
legandoli in un circolo chiuso
quasi non più necessari
alla vera vita.

L'altro che era nella stanza
assistette come un rimbambito

ad una visione
che non riusciva a vedere.
Noi comunicavamo
e le parole seguirono dopo
solo come il tuono segue il fulmine
come il disco del sole segue l'alba.

Eravamo così tanto avvinti
che ci inoltrammo senza accorgerci
nella stanza delle parole.
Ed in quella stanza
alla sera dello stesso giorno
con la tua parola fisica
e stupidamente rivendicatrice
della sua autonomia
tranciasti per sempre
quel fascio circolare elettrico
che correva fra le nostre anime.

Il mare senza fine

Tu
Sintonizzato
sulla tua lunghezza d'onda
come due telepatici
in uno stadio affollato
comunicare
oltre il frastuono
di centomila persone
capirsi
oltre il rumore
che fa la gente intorno
tutti i giorni
tutti i momenti....

è come essere immersi
anima e carne
in un mare senza fine
una speranza di tempo
ti prego, non lasciarmi mai solo
ragazza.

Io
Ti ho sentito.
Ti ho sentito oltre il tuo tempo
oltre le tue parole di carne

perché nel mare senza fine
dove io sono sempre immersa
e in cui ti ho chiamato
parole di tempo e di carne
non sono.
Ho sentito il tuo bisogno
assolutamente grande
di amore.
Amore è capire.
Tu non sarai mai solo.

Perdita Della Comunicazione

La verità alla fortezza di Albornoz

Sentirsi enorme è niente
sentirsi immensi forse
senza potersi più contenere
neanche in spazi stellari
altro che paura
era la potenza immensa della deflagrazione
che non poteva essere abbastanza trattenuta o compressa
questo sapere di te e di me insieme nella parola viva
dopo un mortale silenzio infinito.

Ora si puoi allontanarti
la paura di perderti è svanita
non di perdere quello che sei oggi
un uomo in cerca di sé stesso
ma quell'involucro che ti portava
ignorando di portarti.
Trattenere con me quella parvenza
per soffiarvi dentro ogni giorno, ogni minuto
e riempirla con la mia anima
uguale alla tua, perché la tua si destasse.
Il tuo divenire un essere umano
ecco cosa ti chiesi quella sera
alla fortezza di Albornoz.
Non quello che tu mi stai dicendo.

Adriana nella tua mente
Adriana nella sua mente

Sì, eravamo a Milano
e ci incontrammo ad un semaforo.
Fu perché ti vidi così solo nella città opaca di fumo
nel tuo corto bianco cappotto fuori posto
che ebbi per te uno sguardo d'intesa.

Era solidarietà. A te parve sensualità.
Era desiderio di parlarti, tenendoti una mano
che ti chiesi di star sola con te.

Sedersi nella tua verde Wolkswagen
era come appartarsi dal mondo
vedere la gente fuori pestarsi nella calca
come da una campana di vetro.
Dimenticare il mondo fuori
per un momento
sentire di te
che apparivi così fuori posto e impacciato
perché eri a Milano, da linde città marinare?
Accarezzarti la mano per farti animo
volevo solo la tua mano
da stringere, per passarti calore
in quella fredda città micidiale.
Non pretendevo niente dal mio e dal tuo corpo insieme

non ci fu un lungo silenzio impacciato
In realtà le cose non andarono come tu pensi.

In realtà io ti presi la mano e ne distesi il palmo
e sul tuo palmo vi appoggiai il mio
ed ebbi cura che ogni mio dito
riposasse sopra lo stesso dito della tua mano
ogni vena mia combaciasse con la tua vena uguale
ogni mio segno
e specialmente le linee del cuore e della mente
aderisse al tuo stesso segno.
Tu lasciasti fare per un momento
poi ritirasti calmo la tua mano.
Eri seccato, dicesti, ma tu mi violenti!
Sudavi anche
ti sentivi compromesso
sotto gli occhi della gente.
Peccato!
Non avevi capito niente all'infuori di te!

Capire Oltre

Mi hai mentito
Non mi hai mentito

Ti ho creduto
quando non era rimasto un solo uomo al mondo
disposto ancora a crederti
e tu mi hai mentito.

Lungo la via che abbiamo percorso insieme
mi hai mentito
se è stato all'inizio della nostra strada
o mentre eravamo in cammino
non so
ma oggi sento che mi hai mentito
e in questa strada si aprono voragini.

Oggi per negare la tua menzogna
e quindi mentire di nuovo
mi parli...
di che cosa? Mi sento soffocare....

P.S.

Ma questo riguarda solo il livello chiamato 'reale'.
Viviamo miliardi di attimi di emozioni umane
nello stesso tempo che la mente
ci richiama incessante alla sua siderale lucidità.

Cosi ancora con le lacrime agli occhi
per altrettanti miliardi di volte
ho salito le scale ineffabili e solitarie della mente
e di là ho visto che non mi hai mentito.
Erano solo tante persone diverse che agivano dentro di te
ognuno prendendo il comando di te a turno
facendo di te, amico mio, strazio e angoscia dilaniante.
Tu spettatore, assistevi sempre inerme
alle tue stesse distruzioni.
Dall'alto di quelle scale ho urlato alle stelle sopra di me
al cosmo
chiedendo la sua energia per guarirti
minacciando la sua stessa sopravvivenza
forte della mia disperazione di essere umano impotente.
È stato come afferrare Dio per il bavero del colletto
e dirgli, ma guarda, che hai fatto!
Perché hai dato all'uomo la mente, senza renderla
invulnerabile?
Perché hai permesso alla mente di uccidere la stessa mente?

La piazza e l'edificio della Comunicazione

Eravamo nella piazza affollata.
Tu mi pestasti i piedi.
Io reagii inviperita.
Tu scoppiasti, accendendoti come una miccia.

Lottavamo mordendoci faccia e piedi
conficcandoci le unghie nel cuore
strappandoci pezzi di cervello.

Ma senza che tu te ne accorgessi
io lasciai il mio corpo nella piazza
a farsi sfigurare e sfigurare il tuo
e rapidamente salii ai piani superiori
dell'edificio della Comunicazione.

E di lassù vidi e capii
che cosa era accaduto.

Passando vicino a me
alla giusta distanza di rispetto
della dignità umana
qualcuno ti aveva dato uno spintone
ma non di sua volontà
ma come propagando un'ondata malevole
originata chissà dove nella piazza.

Tu, spinto da quell'energia negativa
arrivata senza avvertimento
avevi perso il tuo equilibrio
e mi avevi pestato i piedi.

Io ti avevo assalito
come l'unico colpevole.
Tu mi stavi sfracellando
solo per immobilizzarmi
e spiegarmi che non avevi colpa.

Ma nella piazza non ci saremmo mai capiti
noi ci saremmo ammazzati entrambi.
E così diedi ordine di arrendersi
al mio corpo in piazza
per poterci entrambi salvare.

Al livello di terra
non è scientificamente possibile
la comunicazione
perché a questo livello
noi vediamo solo fino all'altezza degli occhi
e solo il lato che ci sta di fronte.

È solo dai piani superiori
che vediamo tutta la piazza
con i suoi ondeggiamenti di relazioni
come spighe di un campo di grano

battuto a primavera
da tante correnti di vento, diverse od opposte
che si rincorrono o si fronteggiano furiose
lasciando segni visibili della lotta
i vuoti nel manto verde
campi di battaglia dove giacciono spighe cadute
l'una sull'altra chi in un senso, chi in un altro
e non è possibile sapere quale corrente di vento
ha distrutto.

Di noi due che ci incontriamo in piazza
almeno uno dovrà sempre salire
ai piani superiori
se non vogliamo danneggiare
il nostro bel campo di grano.

Capirti

Conosco di te ogni anfratto
ogni percorso
il pensiero
la parola detta e non detta
leggo
attraverso centinaia di porte
che mi si sbattono in faccia
con rabbia
per impedirmi di capire.

Come se il capirti
fosse un atto di violenza
soltanto.

Capire prima dell'esperienza

Ti prego, uomo, di capire l'altro uomo
prima e senza dover passare
attraverso la sua dolorosa esperienza.

Ogni giorno ti aiuterò a capire
spiegandoti cosa significa
la tragedia e la sublimità
del vivere altrui.

Anche gli assassini sono stati una volta bambini
e anche oggi essi chiedono solo un po' di dolcezza
per superarsi
anche i pazzi sono stati una volta sani
e anche oggi chiedono solo di essere capiti con amore
per rinsavire.

L'uomo non cambia, non cambierà mai! mi dici
e non sarai tu a farlo cambiare!
Se è assassino, mandalo in prigione
e, se è pazzo, mandalo in manicomio
altrimenti farà impazzire me e te e gli altri intorno
o non vedi che siamo già impazziti
cercando di aiutare quest'uomo!
È questo che vuoi, è questo che è giusto forse?
Egli è responsabile di sé stesso, se si perde o si ritrova

dipende solo dalla sua decisione!
Tutto il mondo razionale dice questo
la stessa Medicina e pure il tuo mondo di magia!

Ma come fa a decidere di sé stesso, ti chiedo
se non sa di sé stesso
o, se sa, non conosce la via per cambiare?
Se qualcuno non tesse una ragnatela
iridescente di comunicazione
passando lunghi fili invisibili e tenaci
fra i neri tronchi della vita
a raggiungere la sua entità perduta e solitaria
chiamandolo così al ritorno
con amorevole e testarda perseverazione
con feroce speranza.

E tu, uomo, non recidere
ritenendoli inutili
questi fili lucenti
partoriti dalla bava del mio dolore
a interrompere la mia speranza.
Un giorno potrei tessere per te gli stessi fili
e tu non vorrai che un altro
li recidesse con il suo raziocinio.

Il senso delle parole

Hai giocato con le parole
dando loro un senso
sempre opposto a sé stesse
per cercare chi ti capisse
al di là delle parole.

Oggi il gioco ti è stato fatale.
Hai detto, partire
ho capito, partire
invece volevi dire, restare.

È stato il dolore a non farmi capire
e interpretare per gli altri
come ho sempre fatto.

Ma le parole erano offese
stanche di essere usate
all'incontrario
e in una reazione a catena
si sono tutte velocemente rovesciate
all'impiedi.

Posso solo continuare a capire io
non più farti capire agli altri.

Gli specchi e le stanze

Hai creduto che il primo specchio
che ti ho parato davanti
il giorno del nostro incontro
fosse l'unico specchio
e la stanza
fosse l'unica stanza.

Hai creduto di capire tutto
e insieme a me ti sei specchiato
le nostre due immagini
ti sembravano definite.

Ma io ero maga per salvarti
darti il tuo divenire
il tuo essere umano
e tu non lo sapevi.

Ti venivo in sogno la notte
ti parlavo con sensuale sussurro
da distanze e tempi lontani
mi facevo portare nel tuo cuore
nel tuo debole corpo
facendomi succhiare sangue
per le tue gambe.

Ti ho detto, cammina attraverso lo specchio!
Ci hai camminato e ti sei ritrovato
in un'altra stanza
con un altro specchio.

Ti sei guardato
eri anche brutto
ti sei seccato
e mi hai picchiata.

Piangendo ti chiedevo abbracci
ma io stessa ero diventata lo specchio.
È difficile abbracciare uno specchio.
Ero fredda, liscia e tagliente.
Con un pugno mi hai spaccata
e dentro la ferita e il sangue che ne colava
hai visto un'altra stanza
e poi un'altra, un'altra ancora
e un'altra.
Allora ti sei chiesto chi di noi due era sbagliato
e sei passato di stanza in stanza.

Sei arrivato nell'ultima stanza
dove non sono più specchio per te.
Mi chiami e non vengo
e ti sembra che io non ti capisca
mi maledici per averti portato
così lontano da quella prima stanza

dove almeno lo specchio comune
ci dava un equilibrio apparente.

Ora cerchi l'equilibrio perduto
cerchi una strada per il ritorno
un segno
vuoi dare la vita per una idea di giustizia
ma ti sembra di aver pagato troppo caro
per questo mio sangue che ti scorre dentro
e ti fa camminare per ora nel buio.

Ero di carne, ero viva.
Per salvarti mi sono scarnita
ridotta a un freddo specchio
che rifletteva solo la tua immagine
nel gioco crudele dei suoi opposti
non più la mia, che si era come perduta.

Sono stanco delle tue idiosincrasie!
mi hai gridato.
Ho solo riflettuto le tue
ti ho risposto, a illuminarti
ma tu, come un bambino, mi hai rotta
e ti sei ritrovato solo con te stesso
senza di me che ti riflettevo.

Ora in quest'ultima stanza
sei costretto a ricostruire con la mente

le fattezze del tuo volto
cerchi di ricordare ad una ad una
le componenti essenziali
ti accorgi ora che ricordi
ti accorgi che hai dato pugni
rotto senza necessità
perché non hai mai cambiato stanza.

C'è un'unica stanza nella vita
dove non occorrono specchi
per chi sa ricordare sé stesso.

Malattia Mentale

Il senso di colpa

Se solo potessi staccare da te
il tuo senso di colpa
che come una sanguisuga
ti sta succhiando il sangue

si può essere colpevoli di essere ammalati?

Se solo tu potessi capire
che non hai niente da farti perdonare
e che siamo noi che dobbiamo essere perdonati
per tutte le volte che non ti abbiamo capito

non è forse il sano che deve capire l'ammalato?

Se solo riuscissi a trasmettere a te
questo mio amore incondizionato
che non è fine a sé stesso
ma che è nato per servire

e forse che io abbia mai avuto paura di darmi?

Se solo gli altri intorno a noi sentissero
la lora grande ingiustizia
tutte le volte che tagliano la nostra vitale comunicazione
in nome di pretesi valori di vita

a che servono i valori se non sanno salvare la vita umana?

Se solo gli altri intorno a noi sapessero
che la tua malattia è nient'altro che denuncia
nient'altro che l'urlo racchiuso nella camicia di forza
di chi ha visto e vorrebbe avvertire
i suoi compagni di viaggio matti per davvero

non troviamo forse in ciò che non funziona
i misteri nascosti del funzionamento?

Se solo riuscissi a spiegare
ciò che ho visto nella tua malattia
se solo riuscissi a trasmettere le onde del dolore
nascenti dai tuoi turgidi semi
affioranti alla superficie della terra
i semi della vera Umanità
che altri calpestano incuranti

ebbene, se solo tutto questo avvenisse
io sentirei che il mio compito è finito
e potrei finalmente andare
uscendo dalla porta principale di questa vita.

Cantando e mangiando grosse ciliege rosse e rugiadose
nella notte di prima estate, cogliendole fra foglie e stelle.

Nessuno ha creduto alla nevrosi

L'ho sentita attraverso il tempo
il tempo mentale.

Quelle onde lunghe
arrivavano con la calma grigia
e potente della morte.

Io spianavo, spianavo
con la dolcezza
allentavo i nodi della tensione
con l'amore dato
caricandomi della tensione presa
al posto dell'amore dato.

L'ho sentita attraverso le vibrazioni
della materia
cresceva, si arrotolava su stessa
inarcandosi come la schiena di un gatto
io calmavo, calmavo
crescendo io stessa, arrotolandomi
inarcandomi a tensione impossibile.

L'ho sentita attraverso l'energia
del negativo.
Saliva, saliva, saliva.

L'acqua alla diga saliva possente
io innalzavo i muri di sostegno
e mentre innalzavo
la mia parte centrale si tese
si affinò, si tese, si dilatò, si tese.
L'energia del negativo calò
ma sentii il tuo boato di acqua e fango
premere contro la linea martoriata del mio ventre
squarciandolo ...
il tuo male mi tagliava come lama di coltello.

Dio era offeso.
Gli uomini erano offesi.
Era troppo.
Dissi, è una nevrosi.
Tutti possono perdonare una persona ammalata.
Nessuno perdona una persona malvagia.
Ma nessuno ha creduto alla nevrosi.

Dire o non dire

Dire della tua malattia
a te e agli altri
è forse questo l'amore?

Nasconderla
a te e agli altri
è forse questo l'amore?

Dirlo, per salvarti dagli altri
dirlo per salvare gli altri da te?

Perché se invece di una malattia
fosse soltanto male
ma sarà mai possibile distinguere?
ed io lo nascondessi per amore
come tu vorresti dal tuo ideale di donna fedele
allora io diventerei tua complice
e non sarei più l'essere morale
che sono
e devo essere
per insegnarti a conoscere
il tuo te stesso.

E se fosse soltanto male
io canterò questa mia canzone

così forte
quasi fosse uno scongiuro
affinché il tuo male
non abbia mai a disgustarmi
così tanto
da volerlo rimuovere.

Schizophrenia sine schizophrenia

Amico, amico mio, ti prego
parla
non finire col sorriso della sfinge
pietrificato, eterno, senza senso
un manto freddo
su un vulcano di dolore
incandescente.

Ma chi, ma chi
ti sa di dentro
se non io che fui chiamata
a darti amore
non un amore qualunque
ma un amore
che fosse storia grande.
Sentir di cuore solo per te
per me invece vivere di testa
sfidando la morte tutti i giorni
una morte per schianto, per frattura interna
per pazzia, per frana
per lotta tra me contro di me
e contro di te dentro di me.

Amico, amico mio, ti prego
scusa

se a volte ti ho giudicato
quando il male che facevi a me
si conficcava
aguzzo nel centro del cuore
come l'osso che cresce
nella testa del Dobermann
a farlo inferocire
allora urlavo, urlavo, urlavo
non sapendo di aver sbagliato
nell'usare la parte di me
giusta per l'occasione.
Quante volte ho sbagliato a funzionare
cuore, cervello, cervello, cuore
cervello, cervello, cuore, cervello, cuore
ah! cuore, non eri tu che dovevi funzionare
questa volta!
Adesso si è richiusa la parola!

Via Crucis dell'indifferenza
(uomini, medici e maghi)

Ho fermato ognuno che ho incontrato
con la mia voce affannata e tremante
dalla lunga corsa della mia vita.
Andavano tutti in processione.
Il mio amico ha bisogno di aiuto!
il mio amico è dissanguato!
il mio amico sta morendo!
Aiuto! Aiuto! Aiuto!

Aiutati che il ciel ti aiuta!

Ho fermato la Medicina.
Il mio amico è prigioniero
prigioniero di sé stesso
divorato dalla sua mente!
Aiuto! Aiuto! Aiuto!
Quell'uomo non è salvabile
è come in una spirale
deve solo andare a finire!

Ho fermato la Cartomante.
Morto un Papa, se ne fa un altro!

Ho fermato la Chiaroveggente.
Quell'uomo non mi piace!
Son contenta che se ne va.

Ho fermato chi legge la mano.
Quell'uomo non ha meriti
a che serve dargli aiuto!

Ho fermato chi legge i numeri.
Stai lontana da lui!

Ho fermato chi legge gli astri
la tua missione non è quell'uomo!

Ho fermato la Sensitiva.
Ho sentito nella tua gola
i singhiozzi strangolati.
Dio, che bestia di uomo
quanto ti ha fatto soffrire!
Non darti più a nessuno
Pensa solo a te stessa!

Noooooo! Nooooo! Noooo! Nooo, Noo
No!
grido, strappandomi gli occhi.
Io non posso accettare
questo mondo separato
di uomini, medici e maghi
che mi fanno morire l'uomo!

Io vado a cercare il mondo
ci sarà pure un altro mondo
a cui io appartengo
dove troverò l'aiuto
per il mio amico ammalato!

Operazione Follia

Ho accostato il mio cuore
e l'ho stretto alle tue tempia
affinché ti risuonasse dentro
invadendoti, come una orchestra.

Ho appoggiato il mio viso sul tuo capo
e mentre accarezzavo i tuoi capelli
sono entrata piano piano
con tutte le mie dita
a toccare il tuo cervello
sapendo di toccare fuoco a milioni di gradi.

Insieme morire o vivere
ma non più folli.

Toccandoti, ho perduto i sensi.
Quando mi sono svegliata
ero fuori del tuo cervello.
Tu eri stanco e mi guardavi
 i tuoi occhi socchiusi.
Ti ho fatto male?
No, no! hai detto, gentile e triste.

Ho chiuso gli occhi.
È vivo, siamo vivi entrambi!

Ho esalato fuori di me.
Nel mentre è uscito il tuo urlo impazzito
ho sentito il tuo cervello schizzare via lontano
e perdersi di nuovo, roteando su stesso
e lacerando l'aria.

Via, assassina! hai gridato.

Sono rimasta fredda e impassibile.
Un'assassina per troppo amore.
Come un animale che si mangia i suoi figli
deboli e malati.

Il silenzio mi è caduto tutt'intorno
a imprigionarmi.
E ho sognato che a schizzare via lontano
era stata solo la parte ammalata del tuo cervello.

Il mondo è pieno di ansietà

Sale l'ansietà nel mondo
divenuto tutto occidentale.

Non sono le statistiche a spaventarmi
ma il fatto che se ne parli così spesso.
È forse la nuova minaccia umana
più terribile e spaventosa
di tutte le bombe possibili?

Comincia con lo scontento
la smania, il voler andare
diventa confusione, stordimento
disordine mentale
prima ondeggia e poi comincia a salire
e quando sale invade intorno
e meccanicamente, inesorabilmente distrugge.
Nevrosi o delinquenza.

Creata dalla umana società
che non sa prospettarsi i suoi debiti
l'ansietà sta falciando
i più innocenti fra noi
chiamati a pagare per tutti.

Il cancro della mente
da cui nessuno può salvarci
all'infuori di noi stessi.

Il Futuro Della Mente

Gli sposalizi della mente

La mente è un poliedro che si estende
in numero illimitato di facce.
Ogni sua faccia si sposa
con uno sposo diverso.

Si sposa con i sensi
e combina un sacco di guai
condannando il portatore
ad andare sempre più in basso.

Si sposa con la mente
e stende un manto di gelo
sui campi fiorenti di grano
lasciando il portatore
nudo, senza più cibo.

Si sposa con l'anima
e sale sulla vetta del mondo
donando al portatore
l'estasi unica
nell'aria rarefatta
ricchezza di colore, musica, visione
ma non più ritorno a terra.

Ma quando questa sposa
calda e sensuale
fredda e beffarda
sublime e trascendente
si sposerà con lo Spirito
questa sarà l'ultima volta
lo sposalizio di tutte le sue facce
presenti e future.

Si schiuderà tutta intera
come un fiore all'alba
a mostrare il suo centro cosmico
ad accogliere un amore unico che trasforma
energie in Energia
che vive di sensi gioiosi
e grano di terra e respiro
di arie rarefatte
e accende di vita la terra.

Parte Quarta

Quarta Cosa

*Conosci te stesso,
Essere e volontà di Divenire,
Tradimento, Ascesa,
Il Tutto, La Sfera Sospesa*

La quarta cosa

La mia mente evaporava
nel cercare i mezzi per salvarti.
Tu ti lasciavi andare
nella spirale senza fine
che era la tua mente.

Io mi morivo per salvarti
mi morivo.
Qualcosa accadrà! un giorno ti dissi.
Tu sei fatalista! mi accusasti
tu che eri l'assoluto fautore del libero arbitrio
e perciò permettevi alla tua mente
il controllo di tutto.

E così lei era diventata la tua stessa nemica
la tua assassina lenta dal di dentro
cancro maligno dei tuoi begli anni.

E va bene, tu sei tre cose
corpo, anima e mente.
La mente, questo tuo *general manager*
a cui hai dato poteri assoluti
ti sta fregando....
...ma non c'è una quarta cosa in te
che ti avverte quando la mente ti frega?

Si c'è, dicesti calmo
Freud ha detto, Es.

Corsi ad aprire il libro di Freud
e, senza neanche cercare di capire
quello che Freud aveva capito
capii che c'è un tutto dentro di noi
che continua a chiamarci
ma non è conoscibile con la nostra logica a gradini
ma è come una stanza di luce senza pareti
dove puoi entrare di colpo con un grande salto
o non entrarvi mai.

Il grande salto possono farlo
solo quelli che sanno armonizzare
il sapere contrapposto
con l'umiltà del non sapere
anziché organizzarlo
con l'arroganza di un general manager
quelli che nella vita
non hanno mai voluto avere un peso specifico
o brillare di luce propria
aspettando di trovare
il comune denominatore.

E venne un uomo con una grande luce

E un uomo venne a me
dal buio
e mi incontrò nel buio.
A tentoni cercai le sue mani
e le intrecciai alle mie
per solidarietà.

Allora egli spalancò il suo petto
e ne trasse una grande luce
la sollevò in alto
sopra le nostre teste
e nei contorni del buio
si stagliò davanti a noi una strada
splendente e chiara.

Vedi, mi disse
quella è la tua strada.
Vai, presto!
Tra me e la mia strada
c'era ancora un pezzo di buio.
Mi strinsi a lui per paura.

E lui mi accompagnò
nel pezzo di buio

con il suo braccio sollevato
a illuminare l'inizio della strada.

E qui appoggiò a terra
la sua luce.
Devo andare, disse
la nostra vita ci impedisce di appartenerci!
e sparì solo nel buio.

E come lui disparve io seppi
che avrei percorso quella strada
solo per parlare di lui.

Ma piansi. E tanto!
Mi sedetti accanto alla luce
sul ciglio della mia strada
accasciata sotto il peso
del mio compito immane
far luce chissà per quanti anni
fino a capire
fino a cercare
di far capire agli altri
il suo mistero!

L'albero della vita e della conoscenza

Emergeva dal sonno
affiorando nella mia mente
in un'alba tropicale
come un sogno
l'albero della vita.

Spuntò dalla terra
un tenero, verde
esile e forte virgulto di pino.

Passato il primo stupore
di sentirsi in mezzo alla danza della vita
che come tenero vento di petali e farfalle
si infilava tiepido fra i suoi aghi bambini
subito sentì crescere dentro
forte la voglia di salire
e si slanciò in alto, intrepido.

E dalla nuova altezza
si guardò gioioso e compiaciuto
e mentre si guardava
due paia di braccine gli spuntarono ai lati
due virgulti uguali a lui appena nato
solo che andavano in direzione orizzontale.

Erano lì a sostenere la sua altezza
se il vento diventava malvagio.

Per la gioia si sentì saldo e forte
e di nuovo spinse da dentro la voglia di salire.
E crebbe ancora in verticale.
E questa volta, quattro braccia spuntarono sotto.

Allora le due braccia nate prima
sentirono la voglia di allungarsi
e avvenne quello che era avvenuto in verticale.
Ad ognuna spuntarono virgulti laterali
prima due, poi quattro.

L'albero della vita saliva in verticale
ma allo stesso ritmo si estendeva orizzontale.

Era come il fiorire di un amore.
I rami orizzontali si allungavano
solo per creare quella forza
di tenera e salda fedeltà
sulla quale sola si innesta la voglia di salire.
Il tronco saliva in verticale e si ingrossava
solo per rispondere ad un amore che lo circondava
e che aspettava esso stesso protezione.

Era come in un coro
ad un canto di richiamo
un canto di risposta.

Era come in un gregge
ad un belato tenero
un belato rassicurante.

Niente può vivere e crescere
se non dentro ad un amore sicuro e chiaro
dove ad una mano che si offre
ad intrecciare pensieri fertili di crescita
un'altra risponde a fecondare
con il suo palmo aperto
dalla voglia di darsi dal di dentro.

Ora mi sveglio e penso
e c'è amarezza dentro di me.
Come un virgulto di pino
hai lasciato a crescere da solo
il mio pensiero verticale.

Ho aspettato tanto tempo
chiamando le tue braccia
erano i tuoi pensieri orizzontali
paralleli alla terra e alla sua storia
forti contro lo sferzare dei venti a basse quote.

Dei tuoi pensieri orizzontali
e del mio verticale
crescendo ognuno per effetto dell'altro
volevo fare l'albero della vita
non esistono rami senza un tronco
un tronco senza rami non è vita.

E volevo fare l'albero della conoscenza
ad un'anima che chiama
una mente che risponde.

Conosci Te Stesso

Il Verbo

In principio era il Verbo.
E questo Verbo era essere
e quest'essere era sé stesso
senza soggetto, né predicato.

Come un lombrico tagliato in tre pezzi
l'uomo ha viaggiato
i suoi millenni di vita
anelando a diventare
una frase completa
significante.

Ma i tre pezzi
viaggiavano sempre allo stesso ritmo
e non si potevano mai legare
l'un l'altro.

E così sarà fin a quando
il soggetto si fermerà
aspettando il verbo
e insieme aspetteranno
il predicato.

Diventare assente

Perduto nel tuo viaggio
io ti richiamavo indietro
alla vita di prima.
Meglio tornare indietro
che perdersi per sempre.

Senza più tempo
senza più spazio
arrivavano le tue parole

vorrei solo
diventare assente
e giacere
su un letto di foglie
su un letto di onde.

Il viaggio dentro sé stesso

Questo viaggio costa così tanto
non possiamo farlo tutti quanti.
Alcuni non ritornano mai più
altri restano muti a vita
e non sapremo mai niente.

Con l'aiuto di una guida e della speranza
per questo viaggio parta
solo chi è puro abbastanza
da poter tornare salvo
a dirci quello che ha visto.

A che serve altrimenti viaggiare
se ci perdiamo per strada?

Questo viaggio deve servire
a quelli che rimangono
e solo attraverso questi
potrà servire a chi parte.

Uomo, destino e libero arbitrio

È così sicuro di essere l'artefice di sé stesso
questo mio amico uomo
che si rifiuta di conoscersi
e conoscere quindi il suo destino.

Si mette in mezzo ad una strada
e gesticola, si agita, sceglie
e soffre delle sue scelte teatrali.

Io lo chiamo dal ciglio della sua strada
e gli grido che in realtà è il letto di un fiume
sotto una diga in pericolo di cedere.

Scansati fin che sei in tempo!

Ma lui non mi sente
frastornato dal suo stesso chiasso
e poi un uomo non ammette
che un altro gli parli di sé stesso.

Così l'enorme onda grigia arriva e lo travolge!
Bye!

P.S.
Il libero arbitrio nasce

solo dalla conoscenza di sé stessi.
Prima di questa le scelte dell'uomo
servono solo la sua fatalità.
Come il guidatore di un treno
l'uomo che non si conosce
conduce la sua vita su rigide rotaie.

Essere e Volontà Di Divenire

Essere e divenire

Sognai il tuo divenire
quando ti incontrai tragicamente bloccato
nel fango del tuo essere più profondo.

Seppi che non eri colpevole
del tuo essere anche fango e nebbia e atrocità.
Sentii la tua sofferenza per come eri
e la feci mia.

Ti promisi il tuo divenire
ad ogni costo.
Vendetti me stessa e i miei ori
per trovare danaro per il tuo divenire.

Mentii per il tuo divenire
rubai per il tuo divenire
impazzii per il tuo divenire
alla fine non restò che la mia sola vita
da dare ancora.

La mia vita non valeva danaro
e tu non la volesti.
Volevi solo armare la mia mano
perché io uccidessi, al tuo posto
il Re di danari.
Lasciai a te stesso il tuo divenire.
Non valeva più della vita del Re di danari.
Ogni uomo può divenire
nessuno può scegliere di essere.

Il dubbio di Fellini

Fellini, maestro
hai seminato in me il dubbio
con il tuo otto e mezzo
rivisto per caso
dopo qualche decennio.

"Una crisi passeggera?
E se fosse il crollo finale
di un bugiardaccio, senza estro
né talento?"

Il dubbio sul nostro essere.

Per anni ho creduto ingenuamente
che essere
significa essere bene
fino a quando non mi hai spinto a cercare
chi è veramente
questo Signor Regista.

"Essere", e chi è costui?

Molto presto, tutti correranno
a cercare sé stessi
anche se noi sconsigliamo
questo viaggio in massa.

Non facciamo come gli improvvisati cercatori d'oro
che lasciano le campagne incolte
le case abbandonate, le bestie senza cibo
e corrono tutti a cercare
un colore che solo pochi conoscono.

Il colore dell'oro è il risultato finale
ma quando noi lo troviamo
è come un sasso incrostato di terra.
Come lo riconosciamo, cosa ne facciamo?

Anche questo nostro essere
rifulge del colore dell'oro
stando all'invito dei mistici
che per tutta la vita
per migliaia di anni
si sono allenati
cercando.

Ma noi poveri occidentali
calati con tutte le nostre braghe

nella corrente tecnologica
dobbiamo sapere chi è costui
prima di andare a cercare
a vuoto, controcorrente.

Noi siamo prigionieri del tempo
non abbiamo tempo per cercare
non c'è rimasto più tempo
dobbiamo cercare senza tempo
contro il tempo
il nostro deve essere un tempo mentale
il tempo fisico per meditare
ce lo siamo già venduto.

L'essere nostro, amici miei
è proprio come una pepita d'oro
irriconoscibile per strati e strati
di altri minerali pietrificati in superficie
ma anche infiltrati tra granello e granello.

L'essere nostro, amici miei
è come una scheda perforata
ricevuta alla nascita
con tutte le nostre indicazioni
e poi timbrata da noi ogni mattina
all'inizio del lavoro della vita.
Fori e timbri, timbri sui fori
 è irriconoscibile.

Non dobbiamo cercare il colore dell'oro
potremmo illuderci otticamente
e vederlo anche dove non c'è
oppure non vederlo dove c'è.
Abbiamo solo bisogno di un *detector* sicuro
e quando questo ci indica un sasso
prendiamolo e attacchiamolo come un nemico
nel nostro laboratorio del pensiero e del volere.

Non cerchiamo senza un *detector*
sarebbe come andare ai piedi di una morena
e attaccare tutti i sassi, per trovare quello giusto
prima che lo troviamo, l'Umanità sarà sparita.

Il nostro *detector* è sapere
che Costui è anche male nella sua essenza più pura
purtroppo
per ignota
necessaria legge di bilancio
la legge
di infinita creazione.

La scheda perforata e timbrata

Nasciamo con la nostra scheda perforata.
Amore, odio, gelosia, altruismo, invidia
menzogna, paura, aggressività.

Chi può riuscire a riempire il vuoto di questi fori
nella nostra carta di nascita
per farne altri in altre posizioni
che si leggano in altro modo?
Neanche una volontà capace di piegare sé stessa
può farlo.

Viviamo, infilando la nostra scheda ogni mattina
nella macchinetta dei timbri.
Migliaia di timbrature si depositano l'una sull'altra
si accavallano, si intrecciano, si cancellano a vicenda.
I fori, sotto, diventano quasi invisibili
ma sono l'unica realtà sempre leggibile
oltre l'illeggibilità dei segni mescolati della vita.

I timbri da soli non riusciranno mai a cambiare
la lettura dei fori
che risorge sempre da sotto.
C'è solo un modo per trasformare la nostra carta natale
cambiare la chiave di lettura nella macchina che legge le schede

allora il foro del male aggiunto diventa
il foro della volontà di amore aggiunto
ed il foro dell'odio che è giusto
per la nostra individuale sopravvivenza
diventa il foro dell'odio che è giusto
per la nostra universale sopravvivenza.
E se noi saremo capaci di fare questo in vita
le nuove schede legate a nuove vite
saranno perforate in conformità.

La volontà sui meccanismi fatali

Niente di più drammatico esiste al mondo
dell'arrogante e ostinata volontà
ciecamente innestata sui meccanismi automatici e fatali
di chi per sentirsi uomo, vuol sentirsi volontà.

Quest'uomo fa di sé stesso un povero aratro
trascinato qua e là vorticosamente
da un paio di buoi impazziti per paura
alla vista di un feroce animale.

Nella corsa disordinata e pazza
attraverso campi già seminati
l'aratro sfregia colture vitali
e si rivolta poi sotto sopra
appena in tempo per spezzare le sue lame
contro i sassi emergenti dalla terra
e finendo poi infossato nella creta molle
di quel pantano là vicino al fiume
dove la corsa dei buoi è finita per caso.

Edipodissea

Il mio amico, dotto e ignorante
chiaroveggente e cieco
religioso e scettico
morale ed amorale
uomo e bestia
parlando di sé stesso mi ha detto
e la sua voce tradiva la tragedia
io sono un problema vivente!

Io vedo e non riesco a produrre visioni
voglio e non riesco ad impormi agli eventi
amo gli uomini e devo fuggire da loro
ho subito la distruzione dei valori
e sono io che distruggo i valori
Io sono EdipoUlisse di nuovo e sempre
la mia è una eterna Edipodissea
ho cercato me stesso
e adesso non posso che essere me stesso
anche se essere me stesso
significa distruggere e distruggermi.

Ed io dissi e dico e dirò sempre
alla tua mente orgogliosa e fredda
di umiliarsi e accettare il mio aiuto
per uscire da te stesso

o Edipo
interpretare per te l'oracolo, Ulisse
dicendoti qual' è la patria
alla quale non devi ritornare.

Il segreto non è essere sé stesso
il segreto è conoscere sé stesso
per afferrarlo e guidarlo
e non puoi guidare la tua materia
se non uscendo fuori di essa
come un iniziato che fa la grande prova
esce dal suo corpo e vede il suo corpo.

E tutto questo non è possibile
senza l'aiuto di un Maestro!

La nostra tragedia è l'essere nati
sotto il segno della Bilancia
la nostra scelta è divenire
un'armoniosa costellazione
non più due, ma tre
un triangolo di stelle
con al vertice l'Io
che soppesa e bilancia
i piatti del bene e del male.

Pilota, sali di quota

Perché ci sia il divenire
dell'uomo in essere umano
si crei dapprima
una grossa perturbazione
di nubi morali
al suo livello di quota.

Pilota, sali di quota
ripete più volte la voce
dalla torre di controllo
ma il nostro pilota inesperto
ed anche ostinato e testardo
crede di farcela da solo
a passare indenne
nello sballottamento morale.

Esausto, alla fine cede
e manovra i comandi dell'ascesa
liberandosi nell'azzurro
sopra un mare bianco d'ovatta.

Senza tempesta morale
incessante
e senza decisione di salire
niente è possibile.

Signora Volontà alla festa dell'Io

Signora Volontà
grazie per essere venuta
a questa grande festa dell'Io.

Sono la padrona di casa
piacere, sono la Mente
ma finora qui dentro
ha fatto tutto il mio Maggiordomo
che ha nome Fato
aiutato dalla mia governante
che si è sempre fatta chiamare
come lei, Volontà
arrogandosi ingiustamente
il diritto a questo nome.

Io ho lasciato sempre fare
cosa vuole, non mi sono mai sposata.
Hanno finito per comandare solo loro due.
Io stavo sempre al piano di sopra
loro avevano le chiavi di tutto.
I due hanno finito per avere una tresca
e hanno tramato la mia morte
per lento avvelenamento.

Inatteso è arrivato un ospite a casa mia
un ospite intelligente che ha fiutato subito tutto
e ha scoperto la trama
in tempo per svegliarmi e per capire.

Prima mi sono disintossicata
e poi quando son tornate a fiorirmi le forze
ho chiamato i miei mancati assassini
che non sapevano capacitarsi
di non essere stati cacciati via a pedate
e denunciati.
Ho preso tutte le loro chiavi
ho redistribuito i comandi
ho ordinato di fare i preparativi
per la grande festa dell'Io
uno sconosciuto in arrivo.

Signora Volontà
accadono cose strane in questo mondo
ed è questo che mi rende felice.
Questo sconosciuto che andiamo a festeggiare
si presenta con tanti volti
ma è solo uno
ma se lei non arrivava
saremmo rimasti tutti divisi ancora
e la festa non sarebbe cominciata.

Io sono Il maggiordomo Fato che resta con piacere maggiordomo
Io sono la governante che vuole divenire Governante
Io sono la Mente uscita dall'assenza per merito dell'ospite Inconscio
Io sono l'ospite divenuto Conscio e non posso più andare via da qui
Io sono la Signora Volontà
Governante Conscia dei rapporti fra Fato e Mente
IO sono IO.
Signori, dichiaro la festa aperta. Buon divertimento!

Tradimento

L'ultima cena delle parole e l'orto degli eucaliptus

Non posso più darti, ora
ti dissi, se vuoi che io esista
come tuo punto di riferimento.

Ora voglio ricevere
e per quello che ho dato
lungo la vita
sento che riceverò tanto
non necessariamente da te.

Ho messo intorno a me le cose
che chi ha dentro il bene
lo tirerà fuori.

Sarebbe ora che tu ricevessi
rispondesti dall'altro capo del telefono
e dell'altra metà della terra.
E speriamo che il bene venga fuori!
concludesti e sembravi sincero.

Io ti ho mostrato come si fa!
dissi
e così si chiuse una lunga storia di parole
corsa sui fili del telefono
e sulla carta.

Non potevo vedere sul tuo viso
quello che stava per avvenire
ed era già avvenuto tante volte
e perciò già tutto presente dentro di me
sin dall'inizio della storia.
E mi ritirai a cantare
nell'orto degli eucaliptus.

Ancora e solo
trenta denari!
La mia vita non si era rivalutata
in duemila anni!

La nostra storia tradita
(Intuizione - Ragione - Simboli)

La mia e la tua non era una storia
ma la Storia di tutti i tempi
vista dalla nostra intuizione completa
che ha fuso insieme le nostre due metà separate
nel momento del magico incontro
tra la folla razionale in piazza
dove erano anche i noi due.

Le nostre due menti allacciate
come opposti poli di attrazione
poterono insieme far luce
alle nostre distinte coscienze.

Le nostre due anime salirono
a trovare il vertice di fusione
piangendo allo stesso tempo
il distacco dai nostri corpi.

Eravamo monogami
eppure volevamo amare tutti
avere la nostra casa ferma
e la nostra libertà errante
le nostre menti unite e le coscienze separate
le nostre anime fuse e i nostri corpi distinti.

Quello che veramente ci univa era solidarietà
impossibilità di esprimere
ciò che ci accadeva.

Quello che ci univa veramente era fedeltà
la fiducia di capirci a vicenda
al di là dei mezzi usati
per esprimere la pena
di quel nostro viaggio
verso la totalità.

Quello che ci univa veramente era amore
un amore ancora da definire.
Salivamo congiunti verso noi stessi
i tuoi piedi sulle mie spalle
salivi sopra di me
mi tendevi le mani a tirarmi
al tuo livello di quota
mi abbracciavi spingendomi in alto
i miei piedi sulle tue spalle.

Noi due potevamo salire
all'infinito di noi
eravamo insieme potenti
ma insieme senza difesa
la nostra ascesa posava
sulla fiducia nell'altro.

E tutto questo è durato
lo spazio di un minuto
come un sogno troppo bello
come un incantesimo
la beffa finale della vita.

Il tuo corpo sciocco
ha tradito
scostandosi, beffardo
sotto i miei piedi.

E la tua perfida Mente ha tradito.
Dissociando ha tradito
il nostro legame mentale
sporcando e ritardando la Storia
della tua trasformazione
da uomo in essere umano.

La tua Mente scellerata
ha portato i miei simboli in piazza
schernendoli e facendoli schernire
nei significati reali
di una civiltà omaggiante
alla ragione separatista.

Meglio sarebbe stato
lasciarmi precipitare
che assistere al crollo

del Sogno della mia vita
insieme a te, uomo
salire.

Il mio dolore per il mio dolore
il mio dolore per il tuo dolore
di questo tuo tradimento
ha raggiunto un tale potenza
da scagliarci in opposte direzioni.

Come un razzo sono salita
alla totalità di me
tu, come un fulmine
ti sei conficcato
nel centro della terra.
La distanza che ci separa
è ora, doppia distanza.

Ascesa

Capire oltre i fatti

Oggi ho mantenuto la mia promessa d'amore
leggendo oltre i tuoi misfatti d'uomo
del mostro che è in te e non riesci a cavalcare
e che ti sta divorando.

Il mio dolore di Dio umiliato
terribile nel mio corpo umano
sguainandosi da sé, come una spada
fiammeggiante del rosso vivo del mio sangue
ha percorso i cieli della terra
spaccando neri cumuli e tempeste d'odio
aprendo una strada di luce azzurra
dove ho potuto camminare intatta
una novella Mosè del quotidiano
guidante un popolo incredulo
e giungere diritta nel tuo cuore
un forziere colmo di gioie
che si aprì e si apre ancora
alla mia fede.

Perché la tua parola
è stata il mio Vangelo.
Vienimi a capire dentro
non credere ai miei stessi fatti!

Fratello Giuda

Se tu non fossi stato
io non sarei
sarei scomparso come Gesù di Nazareth
e non sarei diventato il Cristo del Mondo.

Ho usato la tua vita
come la mia pista di lancio
entrambi noi due abbiamo sofferto molto
ma la gloria è solo mia
e solo dopo duemila anni
afferro questa parola
per spiegare te
caro, amato fratello Giuda.

Fui io a sedurti con la mia parola
convincerti di lasciare tutto e seguirmi
sapendo che solo attraverso il tuo tradimento
sarebbe venuta l'occasione di intenso e tragico dolore
che sola avrebbe potuto far sorgere Dio
dal mio essere soltanto un uomo.

Avevi paura
lottasti con te stesso
per non seguirmi

e, infine, cedesti
solo perché eri infinitamente buono.

Il tuo tradimento venne
perché
per te
io ero
irraggiungibile!
E divenni la tua ossessione
e solo vendendomi
credevi di liberarti.

Tu non sapevi
che, invece, io ti avevo incastrato per sempre
e pagasti con la tua stessa vita
non solo, ma con una eternità di infamia
sul tuo cuore debole di uomo
ma infinitamente sublime.

Caro, amato fratello Giuda
io non finirò mai di spiegare al mondo
il tuo sacrificio per la mia gloria.

Il coraggio di amare

Per amare occorre coraggio
e il coraggio non viene dai sensi.
I nostri sensi hanno paura
ci rendono vili
ci trasformano in bocca la parola
ci fanno girare la testa da un'altra parte.

Per sentire l'amore
bisogna essere puri
l'amore è un'intuizione
l'amore è dilatazione dello spirito
l'amore è fusione
del nostro centro nel centro del cosmo
della nostra mente nella mente universale
della nostra anima nell'anima umana della terra.

Eravamo in molti ad amare
ma quando quest'amore fu condannato e crocifisso
tutti i miei compagni scapparono in tutte le direzioni.
Rimasi solo io
a fronteggiare la frusta
che voleva piegarmi a rinnegare.

La frusta si abbatté sui miei sensi
ma questi non avevano mai conosciuto

ciò che si chiedeva loro di rinnegare
i miei sensi non poterono rispondere.

Per amare bisogna avere coraggio
il coraggio di un essere umano.

Pietro, figlio della paura

Pietro, figlio della paura
hai negato l'amore che mi porti
tre volte o tremila e trentatré
l'hai negato anche quando ti ho mandato un uomo
a raccogliere la tua confessione
promettendoti immunità.

Di che cosa hai avuto paura?
forse di risorgere insieme a me
e sentirti immortale
o non è questo quello che hai sempre cercato?

Non possiamo fare di nuovo gli attori

A me
è vietato recitare di nuovo
nel teatro della vita
morire sulla croce
perdonando l'uomo
che ho amato
che mi ha insultato
che mi ha tradito
che mi ha crocifisso.

A lui
è vietata la vecchia parte
gettare il vile danaro nel tempio
e morire, perduto in sé stesso
nel campo del sangue.

Io non posso morire di nuovo
neanche per poi risorgere
il giorno dopo
perché se io muoio ancora
la storia va avanti ancora così
per altri duemila anni.

Io non posso morire da martire o eroe
per lasciare che altri mi seguano

e lui non può morire traditore
per lasciare che altri lo insultino.

Restare vivo su questa croce
nel silenzio della mia fisica voce
vederlo salire
i sette gradini
della scala del dolore
sino a me
sciogliere i miei legacci
le mie spine e i miei chiodi
per iniziare insieme
la globale trasformazione.

Io sono la distanza

Io sono la distanza
che ti separa
dal divenire
uomo
capace di amore sociale.

Io ti aspetto qui
da sempre
dopo che ti venni incontro
cantando
con le braccia aperte
e tu mi lanciasti il tuo pugnale
nel cuore prima
poi, quando caddi
alle spalle.

Ma io risorgo.

Rimango
sulle guglie acuminate
del dolore
a guardarti dall'alto
ondeggiare da ubriaco
girare in tondo
avanti e indietro

lanciarmi sassi e sputi
e sparare proiettili
a morte.

Ma io risorgo.

E divento la tua ossessione.
Non mi hai distrutta
e puoi solo raggiungermi.
Ti allaccio con la mia mente
magnetizzo i tuoi passi
col mio sguardo
questi tuoi passi solo in avanti
che verranno, che verranno
a raggiungermi dove sono
alla fine
di un'attesa di millenni.

Ti farai uomo sociale e per sempre

Nel silenzio della mia fisica voce
che ti scorrerà tra le tue mani inerti
nell'alternarsi impietoso dei soli e delle lune
sul tuo cuore di uomo
imbrigliato tra le trame del cervello
che non riesce a vedere sé stesso
ti farai uomo e per sempre.

Nel dolore
del mio volto schiaffeggiato
nella voglia bruciante
di una mia carezza
sul tuo capo ammalato
delle mie mani guaritrici
sul tuo pensiero sconvolto
scenderai e salirai scale
per trovare la stanza umana.

Dal mio sguardo
perduto ai tuoi occhi
liquido di pianto ad ogni tuo passo
di crescita umana e ricaduta
dal tremito del mio corpo antico e puro
che non hai mai abbracciato
dallo stacco del mio sangue caldo

dalle tue vene di cenere
uscirà il tuo lungo urlo
di amore
per l'uomo che ti circonda.

La curva ad "U" dell'uomo 2000

Sbarrarti il passo
fronteggiarti
circoscriverti
ridurti all'angolo
assorbire
la tua potenza distruttiva
capace di disintegrare un pianeta
contenerla dentro di me
un fragilissimo essere umano
chiamando chi mi ama
ad offrirsi insieme a me
alla tua distruzione
per non morirci io sola
e così farti vincere

solo per aiutarti
a compiere questa curva ad "U"
ritornare verso la direzione
dalla quale sei venuto
risalire
in senso anti-distruttivo
al punto esatto
dove, smarrendo la tua via
hai imboccato questa direzione
di confusione e perdita e morte di te stesso
e di me che ti ho plasmato con amore.

La coscienza

Il mondo intorno a me non meritava
che io armonizzassi il suo male
tanto è stato il disgusto
degli stessi angeli ribelli.

Ma io l'ho fatto
nella speranza
che in questo mondo
nasca o rinasca
la coscienza.

E la coscienza verrà solo dal dolore.

Il Tutto

La biblioteca e il labirinto di Eco

In biblioteca sedevano i Monaci
era la Cultura intelligente
la Mente assassina.

Nel labirinto sedevano i libri
tutti diversi, tutti distinti
tutti opposti
ma essi solo intuivano
di essere ognuno parte di un tutto.
Come pensieri fluivano insieme
a formare il sapere
unico, indistinto
continuo
universale
nascosto all'intelligenza
seduta in Biblioteca.

L'errore della Cultura
fu di pensare
che un solo libro
avrebbe turbato l'intero sapere
e fu questo pensiero intelligente
che uccise l'intuizione del tutto.

La verità sul tutto

Non ho mai creduto
in una sola cosa
un solo uomo
un solo partito
un solo Dio.

La verità sul tutto
mi è venuta dal tutto
tutti gli uomini
tutti i partiti
tutti i Dio

Ho preso tutto quello che serviva
da quello che appare
e quello che non appare
per capire.

Verità è conoscere sé stessi
verità è voler separare
e solo in tal modo conoscere
il nostro bene dal nostro male
che sono male e bene solo in funzione di altro da noi
separare per superare
verità è decidere di voler perpetuare la vita
amando ad oltranza.

Amare è capire prima dei fatti
ed oltre i fatti
amare è sentire il dolore e il bisogno dell'altro
e farlo nostro prima del nostro
amare è resistere in vita
lottando con il nostro massacratore
con il miele dei nostri occhi
e il fuoco della nostra coscienza
per accendere o riaccendere per sempre
la sua coscienza.

Le scale della mente alta

Stasera è l'ultima sera, amici
domani non potrò più intrattenervi.
Domani dovrò salire
le scale della mente alta
e di lassù vi saprò dire
quello che ho visto
in solitudine
senza feste.

Ora mi sento forte abbastanza
da salire con sicurezza
dentro me.

La Sfera Sospesa

La sfera sospesa

Non ho mai potuto concentrarmi
totalmente
nella mia vita
su quello che facevo
di volta in volta
anche se ho sempre fatto con passione
una cosa per volta.

Non ho imparato, né ricordato
mai nulla di preciso
di chiaro
di immutabile.

Nella mia testa
c'era come un richiamo incessante
ad altro
indefinito
indefinibile.

Nella mia mente
c'era come una sfera sospesa
nebulosa
come un presentimento
o l'ombra di un ricordo
non memorizzato

ma esisteva
e mi distraeva dal vivere.

Ho vissuto l'importanza del vivere
eppure niente è mai stato
importante per me.
Fino adesso.

Adesso la mia mente è entrata nella sua mente
la nebulosa sfera sospesa
è ora chiara coscienza.
Non è rimasto più niente
di inconscio dentro di me.

Sento che finalmente
mi posso concentrare
vivendo
per capire con la mia ragione
questa sfera di luce.

Il numero sette

Le mie parole sono così semplici
che il mio amico dotto
ne riderà con la sua amante
buttandole nel cestino della carta.

I miei messaggi sono oggi così oscuri
per i non addetti ai lavori
che il loro suono e la loro luce
arriverà per essi solo fra anni
quando la Storia si sarà compiuta.

Io sono il numero sette
sette lettere nel mio bel nome
sette gradini nella mia scala
sette anni nella mia storia.

Io sto in cima alla scala
nella mia lettera maiuscola
il mio corpo snodato sui gradini
come una passatoia di speranza
rossa di quello che è stato
il mio sangue mortificato.

Io sono la tua Speranza
ti aspetto all'ultimo gradino

ad identificarti con la mia maiuscola
che ti dirà, sei giunto.
La tua sarà trasformazione
mai avvenuta scientificamente.

Io non potrò aiutarti
nella tua drammatica ascesa
dall'essere io al volere
essere altro.
Sono il tuo punto di riferimento
perché questo possa accadere.
Sto fisso, immobile, in piedi
a vederti salire.
Se mi muovo, tu scivoli via.

Io non mi occupo di assistenza
mi occupo di esistenza
in essenza.

Il suono dell'energia del Pensiero e dello Spirito

Oggi ho sentito il suono
dell'energia del Pensiero.

Ritmico, scandiva il tempo.

Un'andata, un ritorno.

Un fruscio, un contro fruscio.

Un suono, come di ventagli
fatti di pagliuzze metalliche.
Ventagli pendenti da un soffitto
a far vento sopra una tavola
ricca di cibi istoriati
a tener lontano le mosche
su un banchetto indiano.

Il Pensiero calmo, a riposo.

E ho sentito il Pensiero in tempesta
di quando corpo, mente e anima
si agitano in ondate possenti
infrangendosi contro gli scogli
e ritirandosi

per infrangersi di nuovo
all'infinito
con un fragore che si stacca infine dalle onde
e sale
a formare un'entità distinta e immortale.

Il suono dell'energia dello Spirito.

I piani della vita
(Fisica ed altre Dimensioni)

Il mio amico dotto nella fisica
ride
se io gli parlo dei piani della vita
altre dimensioni.

Comunque, egli dice, non è materia mia.
Io arrivo dove posso misurare
con i miei strumenti scientifici
e dove non posso misurare più
mi fermo
e non credo oltre
fino a nuove prove.

Ma tu sei un uomo, gli rispondo
e un uomo non coincide mai
con lo scienziato
l'uomo è immensamente di più
della sua stessa ragione
è lo scienziato come sarà alla fine
e non come è oggi.

E se tu vuoi progredire nella scienza
oggi devi fare il grande passo dentro l'uomo
gli strumenti

per misurare gli altri piani della vita
che sfuggono allo scienziato
sono gli altri uomini
che sentono altre forze
che vivono in altre dimensioni
che vedono con altri occhi
se a questi uomini crediamo!
Non bloccare con il tuo scetticismo
questi preziosi strumenti!

I piani della vita
appartengono tutti alla fisica
se per fisica intendiamo
la scienza che studia
quello che esiste
anche se ancora non riusciamo
a misurare
con i vecchi strumenti.

In fondo, amico mio
questo è il tuo problema, non è il mio!
Io son cresciuta e per i piani della vita
salgo e scendo e mi sollazzo
e se io scrivo
tutta questa pappardella
lo faccio per te, ché mi dispiace
vederti sempre su quegli strumenti
e le equazioni lunghe chilometri

a consumarti la vita
quando invece potremmo insieme gioire
del tuo enciclopedico sapere
e del mio semplicissimo sentire
e combinandoci strettamente insieme
potremmo costruire
il nuovo armoniosissimo
e potentissimo
sapere.

Coscienza e intuizione

Tutto è già stato pensato
ed esiste
noi non pensiamo niente di nuovo.

Di nuovo in noi c'è solo la coscienza
di quello che esiste
la coscienza del sapere raggiunto
attraverso una spirale in salita
di amore e dolore
e amore.

Quello che chiamiamo intuizione
non è altro che coscienza
a cui arriviamo per salti mentali.

La nostra casa

La nostra casa
è il ritorno a casa.
Un posto dove troviamo
il nostro unico ossigeno
un tempo dove viviamo
la nostra durata presente
una famiglia in cui si arriva
per nostra accettazione
un amore che sa aspettare
con la porta sempre aperta
tutti noi che abbiamo bisogno
di essere molto amati.

Evoluzione e R-evoluzione

Il pensiero
infinito, presente, immortale
inesprimibile
si evolve
addensandosi via via
in strati e strati
e infine incarnandosi
nella chimica individuale
dell'uomo
che nella sua fucina lo scioglie
al fuoco delle passioni
e lo raffredda
immergendolo vivo e fuso
nell'acqua
della coscienza in attesa.

L'Uomo si r- evolve nella coscienza
di essere venuto dal pensiero
che abbiamo chiamato Dio
e la coscienza si r-evolve
iniziando la via del ritorno
al pensiero
guidata dallo Spirito del Mondo
fiamma immane che si alza
da miliardi di esseri in ascesa

raffinandosi via via
in strati e strati
fino al vertice invisibile.

E il segreto di questa conoscenza
è dentro ogni uomo.
La materia reca in sé stessa
il ricordo del suo passato
e la strada del suo futuro.

Capire ed accettare
favorendo ed accelerando
il ritorno a casa
oppure
non capire
e dare a sé il dolore.

E vidi il centro, il cerchio e la Grande Giostra

Ero sola con la mia intuizione.
Mi vidi completamente.
Ero nel mezzo
centralizzata perfettamente
pronta a sviluppare l'immagine
della visione
nella camera oscura.

Un laser partì da me, punto.
E tracciò un raggio di fuoco
tra me e un punto che si accese
nel buio
sulla linea dei miei piedi
sull'immenso prato.

Il laser continuò a tracciare
salendo verso ed oltre il cuore
una catena circolare di luci
che crescevano di intensità luminosa.
Si arrestò sulla linea della mia testa.

Vidi nella notte fonda
il disegno di metà circonferenza
fatta da raggi e punti luminosi
l'uno accanto all'altro

fusi, ma distinti
l'ultimo punto, in direzione della mia testa
splendeva come il sole.
Bianco!

Sentii che esso assorbiva tutti gli altri
come un ventaglio che si chiude
o si apre a seconda del bisogno.
Anche i raggi, tracciati l'uno accanto all'altro
sembravano fusi, ma distinti.
Ciò che li fondeva era il minimo di luce
presente in tutti loro
ma ciò che li distingueva
era la differenza di intensità luminosa
tra l'uno e l'altro.

Erano le forze dell'amore
presenti in me.
Iniziavano dal basso di me
per salire verso l'alto di me.

Non appena sentii questa verità
il laser ripartì immediatamente
ancora nella direzione di prima, ma
scendendo
e tracciando raggi e fissando punti
di intensità opposta, decrescente.

Il laser tracciava l'altra metà della circonferenza
con la stessa perfezione e ritmo
sino all'ultimo raggio che si dispose
accanto al primo raggio
e creò l'ultimo punto
che si dispose accanto al primo punto
della prima metà della circonferenza.

Ma
al sole bianco sulla mia testa
corrispondeva un sole nero
ai miei piedi.
Mi guardai attorno
e da me che ero come un centro buio
partiva un disegno luminoso
di geometrica bellezza.
La luce disegnava ai miei due lati
opposti giochi di intensità.

Vidi il disegno scritto sul prato
ma quando guardai
in direzione della mia testa
e dei miei piedi
il cerchio scattò all'insù
a circoscrivermi
e come mi mossi
esso si mosse con me.
Ma alla bellezza geometrica

non corrispondeva armonia.
Sentivo come una grande tensione.
Mi misi a pensare.

Passò certo un tempo infinito
e come svegliandomi dalla subcoscienza
sentii che l'altra metà della circonferenza
tracciava le forze del mio male
esattamente la metà di me.
Fu una sorpresa dolorosa e sgradita.

Non avevo mai pensato di essere anche male
e comunque non così tanto.
Dovetti malgrado accettare.

Non appena accettai il mio male
vidi corrispondere
al mio minimo e massimo d'amore
il mio minimo e massimo di odio
ma questi punti sulla circonferenza
disegnati in posizioni diametralmente opposte
tuttavia non formavano diametro.
I raggi rispettivi si arrestavano
all'esterno del mio essere centro.
Ma man mano che cresceva l'intensità dell'amore
e dell'odio opposto
vedevo i due raggi avvicinarsi dentro di me
a livelli insostenibili

fino a che arrivarono alla mia verticale.
In questa posizione il raggio massimo dell'amore
si fuse dentro di me
con il raggio massimo dell'odio
e formò un diametro di una energia lancinante.

Mi sentii attraversata, impotente
ma non mi arresi.
Sentii che dovevo vedere, sentire, capire
e subito, per punire la mia arroganza
il raggio dell'odio oltrepassò il mio centro
e invase quello dell'amore che arretrò spaurito
verso la circonferenza.

Il bello era che in questo diametro
le luci dell'odio e dell'amore erano fuse
eppure distinte
vedevo l'avanzata dell'odio
e la ritirata dell'amore
eppure non erano mai due linee spezzate
era come la stessa energia
solo la direzione era opposta
e le distingueva.
Però mi sentivo come mangiata
via da me.
Se l'odio arrivava sino alla circonferenza
tutto sarebbe finito
il mio sole bianco di amore

sarebbe diventato il secondo sole nero dell'odio
e il diametro mi avrebbe attraversata
in modo perenne, in direzione unica.
Io non sarei più stata centro di me stessa
e non sarei più esistita.

Di nuovo raccolsi la mia testa a pensare
volevo vedere, sentire capire
com'era accaduto
e vidi
una linea ferroviaria
e nel mezzo c'era un casello
e dentro c'era il guardiano
e il guardiano dormiva.
I treni dell'odio e dell'amore
stavano l'uno di fronte all'altro
da direzioni opposte
fronteggiando il casello.

Erano fermi e tutto era tranquillo.
Ma il treno dell'odio veniva dalla
direzione degli istinti
quella dei miei piedi
e appena gli istinti si mossero
automaticamente il treno dell'odio si mosse
attraversò il casello e il guardiano dormiente
che continuò a dormire
e avanzò terribile contro il treno dell'amore.

Il treno dell'amore veniva
dalla direzione del mio sole spirituale
e pensò che solo arretrando
avrebbe evitato l'urto violento con il treno dell'odio
sperando che l'odio si fermasse da solo
e poi lentamente arretrasse nella sua linea, oltre il casello.
Lo Spirito, nella sua bontà non poteva sapere a che limiti
l'odio può spingersi e arretrò sempre di più
soffrendo, umiliato, arretrando, soffrendo
arretrando fino al punto di rottura....
E qui la mia testa che pensava
gridò così forte dallo spavento
che il guardiano svegliato di soprassalto
azionò il freno mentale e arrestò di colpo
il treno dell'odio.
Il treno dell'amore sospirò
sfinito ai limiti della sua sopravvivenza.

Il guardiano disturbato, si rimise sbuffando a dormire
mentre la mia testa si rimise a pensare.
E vide che questa lotta durava dall'eternità
e capì che l'avanzata del treno dell'odio
oltre il casello
era progredita nei secoli e millenni
e questa era l'ultima tappa.
Se gli istinti innestavano ancora
automaticamente la marcia
mentre il guardiano dormiva

questo si sarebbe svegliato
la prossima volta
solo per assistere al grande botto
e finire in esso.

Bisognava svegliare il guardiano
al più presto possibile
e per sempre
non solo per arrestare la corsa dell'odio
al punto dov'era arrivato
ma per risucchiarlo indietro, oltre il casello
e porre un freno sulle rotaie che facesse automaticamente
fermare l'odio ai limiti del casello
e nello stesso tempo richiamare il treno dell'amore
fino al casello.
In effetti il casello con dentro il guardiano
è il mio corpo con dentro il mio io.
Io sono la stazione centrale e finale
questi due treni servono solo me

mi portano cibo e luce per la mia sopravvivenza
se mi attraversano mi indeboliscono
e se si spingono ai limiti della circonferenza
mi uccidono entrambi completamente
per mancanza di cibo o luce.

E per provarmelo sveglio il guardiano
e gli ordino di volere.

Senza volere il guardiano non ha poteri
e può fare solo il testimone di quello accade.
Il guardiano richiama con la volontà il treno dell'odio
e lo spinge oltre il casello nei suoi confini
poi aziona il treno dell'amore in avanti
ma anziché fermarlo al casello lo fa proseguire oltre
a invadere il raggio dell'odio.
Una suprema accensione dello Spirito
per merito della volontà
sprigiona la stessa energia dell'accensione istintiva dei sensi.
Il treno dell'odio arretra spaurito
quello dell'amore avanza potente
ma io mi sento ugualmente mangiata via
e so che alla prossima tappa
su quel punto nella circonferenza
io mi spezzerò per sempre.
Dico al guardiano di fermare il treno dell'amore
e richiamarlo indietro oltre il casello.

E senza saperlo
questo esperimento mentale
mi dà la chiave di lettura
per quello che avverrà
nel tempo a venire.

Il treno dell'amore arretrando
dalla sua prima storica invasione
sui binari dell'odio

modifica per sempre
la dinamica del movimento
del treno dell'odio.

Quando gli istinti si accendono
il treno dell'odio non si muove più
automaticamente
si limita ad attendere istruzioni
dal guardiano che non dorme più.
Il guardiano è ora il grande boss
e lui non si fa più attraversare
né mangiare via
né in un senso, né nell'altro.

L'odio é sempre sembrato più forte dell'amore
solo perché il guardiano dormiva
gli istinti non incontravano volontà contraria
ma è bastato far diventare il supremo raggio d'amore
un invasore, per volontà del guardiano
per stabilire l'equilibrio perenne delle forze opposte
nel mio essere centro.

Forte del mio equilibrio, mi metto ad andare nel buio
il mio punto centrale separa tutte le mie forze
apparentemente opposte.
Gli opposti sono stati una illusione ottica.
Il fatto è che essi non partono da me per servire
la mia periferia

ma partono dalla mia circonferenza per servire me
punto centrale.
In questo senso tutti i raggi dell'amore e dell'odio
che mi erano sembrati opposti nelle due semicirconferenze
tracciate dal mio laser
sono tutti raggi che convergono verso di me
nell'unica suprema direzione di servire la mia sopravvivenza
e la mia sopravvivenza richiede
che nessuno di essi mi attraversi
senza la mia volontà.
Solo io posso decidere di finire
per troppo odio o per troppo amore
assassino o santo
o di vivere, invece, bilanciato nel mio punto centrale.
Svegliarmi è stato acquistare il controllo dei treni
dal mio casello di comando.

E come sento questo mio sentire
accanto al mio cerchio luminoso nel buio
si accendono migliaia di cerchi analoghi
ed il mio e gli altri tutti girano
come in una grande giostra luminosa.
Come la terra girano
contemporaneamente intorno a sé stessi
e intorno alle loro lune, i loro soli
e al gioco imprevisto delle loro stelle.
Mentre girano si toccano nei punti
dal minimo al massimo
dell'amore e dell'odio.

Mi aggiro come una sonnambula
ancora stralunata dalla visione mirabolante
stento a capire quello che succede
dall'incontro e scontro di miliardi di cerchi.
Vedo scintille di fuoco, poi il fumo e poi
cerchi interi spariscono nel buio, lasciando il vuoto nero
e poi altri che toccandosi sprigionano una luce intensa
e da questa nascere un nuovo cerchio
che va a riempire un vuoto nero
ma contemporaneamente altri fuochi, altri fumi
altri vuoti di luce
si creano dappertutto a ritmo crescente, frenetico, isterico.
Sempre meno si accendono luci e cerchi nuovi
la grande giostra sembra muoversi verso il suo fermo
nel buio e trascinarmi con essa.

Allora vedo la dinamica degli eventi.
In quasi tutti i cerchi
il guardiano dorme
attraversato
dal diametro ininterrotto di due soli neri.
Questi cerchi carichi di doppia negatività
mandano in fumo i cerchi a semplice negatività
che incontrano nella loro traiettoria
e quando incontrano dei cerchi come loro
cozzano l'uno contro l'altro
come macchinette da *go-kart*.

Se non sono capaci di separarsi
bruciano tutti insieme fulminati
dalle loro stesse scariche elettriche negative.

Terrorizzata mi metto vorticosamente a girare su me stessa
e a girare contemporaneamente
intorno a quanti più possibili cerchi.

Nella mia velocità passo con il mio sole dell'amore
su altri soli di amore e mentre li tocco con il mio
sprazzi di luci si accendono e cerchi si aprono
con la rapidità dei fuochi d'artificio.
A tutti i nuovi cerchi comando di fare come me.
La nostra forza cosmica positiva riempie i vuoti neri
con rapidità crescente contrastiamo la forza negativa
sempre meno vuoti, sempre meno vuoti
fino a che uno soltanto resta da riempire
ma non va riempito
perché se lo riempissimo
la giostra si arresterebbe ugualmente
nella fissità degli occhi del santo.

Dobbiamo vincere da uomini vivi
non da morti santificati.

Rallentiamo il nostro girare vorticoso
ritroviamo lentamente il nostro ritmo naturale.
Si accendono luci, si aprono vuoti

in giusto equilibrio.
Dentro i cerchi non ci sono diametri
solo raggi che arrivano al centro
nei caselli i guardiani sono svegli
scaricano merci dai loro treni contrapposti
ognuno fermo nei suoi giusti limiti
portano cibo e luce.

E mentre guardo questo spettacolo
mi sento scendere dentro
un grande senso di armonia
mi sento allo stesso momento
centro di me stessa
e centro
della Grande Giostra
dove per un cerchio che finisce
un altro si accende
contemporaneamente.
Il mio piccolo movimento
e il Grande Movimento
regolati
dall'identico meccanismo.

INDICE

Avvertenza

Il Poeta   5

Questo libro   6

La parola   7

Autointroduzione

Poesia di Natale   11

Il Transaustralis   12

Si, ci sono altri poeti in questo paese   14

Cantare in coro   16

Spirito del mondo   17

Parte Prima - Corpo

Viaggi

   Andare e restare   23

   Di terra in terra   24

   Caro Padre   26

   Quei due mondi   28

   Il tuo viaggio della speranza   29

   In cerca dell'uomo   31

Terra

   Australia, primo incontro (1976)   35

   Mi regali ancora la mia vita   36

   Di nuovo mi sento chiamare   37

   Poesia dissepolta   38

   Io sono una Madre bianca   41

Tunnel

   I miei figli   45

   Il sacrificio del poeta per la terra del duemila   46

   Paese   47

   Soffrire di più   48

   Vincere alla fine   49

Società

  Donne

    Anna e la verità — 55

    Luisa — 56

    Sisina — 57

    Mia madre e la carità vergognosa — 58

  Uomini

    Loris e Poesia — 61

    Luigi e la scienza — 63

    Il poeta ragioniere — 64

    Ragazzo dolce — 65

    Il personaggio più bello — 66

  Gente

    La partita di tennis — 69

    Oltre la fence — 71

    Cafone — 72

  Città

    La città australiana — 75

    La terra dei Signori della terra — 76

    Alla vigilia del Nuovo Anno — 78

    La città umana — 79

Nazione

  1987 — 83

  Dalla torre di controllo — 84

  Amico mio, non morire! — 93

Pianeta

  Il disarmo dei bambini — 97

  Chi ci porterà la Cultura? — 98

  Polvere atomica — 102

Altro Mondo

  Grazie, Mister Chandler! — 107

Parte Seconda - Anima

L'apparizione dell'anima 113

Amicizia
Ad un amico Stregone 119
Essere dipendenti 120

Amore
La morte di mio padre 123
Quando morì mia nonna 124
Uomo, compagno mio 126
Raccontami 127
Vorrei 129
Ti amo come sei 131
Chi può perdere l'amore 132
La presenza 133
Quest'amore che nessuno vuole 134
Sto aspettando 136
Il canto dell'amore immortale 137
Melograno 138

Disamore
La cellula cancerogena 141
"Ou revoir les enfants" 143
Le tue mani 145

Umanità
La storia 149
Il male aggiunto dell'uomo 151

Valori 153
I miei valori 155
Il cavallo di Troia 156
Quando crescerai? 158
Il delitto contro i sentimenti 160
Il gioco dei ruoli 163

Essere anima, essere femmina	165
Femminismo, dove vai?	166
Il donnismo	168
I miei peccati	169
E se io fossi la coscienza?	170
Scuola, Religione e Scienza	171
La vita delle cose e l'amore per il lavoro	173
Il delitto di plagio	174
Assicurazione contro l'ingiustizia	176
Assicurazione contro le malattie dello Spirito	178
Il diritto a morire	179
Legge penale e dignità umana	181
La campanella del lebbroso	185
Il vecchio australiano	187
Prendere e dare	190
La montagna d'oro	191

Parte Terza - Mente

Incomunicabilità
La stanza delle parole	197

Comunicazione Effimera
Il fenomeno elettrico	201
Il mare senza fine	203

Perdita Della Comunicazione
	205
La verità alla fortezza di Albornoz	207
Adriana nella tua mente, Adriana nella sua mente	208

Capire Oltre
Mi hai mentito, Non mi hai mentito	213
La piazza e l'edificio della Comunicazione	215
Capirti	218
Capire prima dell'esperienza	219
Il senso delle parole	221

 Gli specchi e le stanze   222

Malattia Mentale
 Il senso di colpa   229
 Nessuno ha creduto alla nevrosi   231
 Dire o non dire   233
 Schizophrenia sine schizophrenia   235
 Via Crucis dell'indifferenza   237
 Operazione Follia   239
 Il mondo è pieno di ansietà   241

Il Futuro Della Mente
 Gli sposalizi della mente   245

Parte Quarta - Quarta Cosa

 La quarta cosa   249
 E venne un uomo con una grande luce   251
 L'albero della vita e della conoscenza   253

Conosci Te Stesso
 Il Verbo   259
 Diventare assente   260
 Il viaggio dentro sé stesso   261
 Uomo, destino e libero arbitrio   262

Essere e Volontà Di Divenire
 Essere e divenire   267
 Il dubbio di Fellini   268
 "Essere", e chi è costui?   269
 La scheda perforata e timbrata   272
 La volontà sui meccanismi fatali   274
 Edipodissea   275
 Pilota, sali di quota   277
 Signora Volontà alla festa dell'Io   278

Tradimento   281
 L'ultima cena delle parole e l'orto degli eucaliptus   283

- La nostra storia tradita — 285
- Ascesa
  - Capire oltre i fatti — 291
  - Fratello Giuda — 292
  - Il coraggio di amare — 294
  - Pietro, figlio della paura — 296
  - Non possiamo fare di nuovo gli attori — 297
  - Io sono la distanza — 299
  - Ti farai uomo sociale e per sempre — 301
  - La curva ad "U" dell'uomo 2000 — 303
  - La coscienza — 304
- Il Tutto
  - La biblioteca e il labirinto di Eco — 307
  - La verità sul tutto — 308
  - Le scale della mente alta — 310
- La Sfera Sospesa
  - La sfera sospesa — 313
  - Il numero sette — 315
  - Il suono dell'energia del Pensiero e dello Spirito — 317
  - I piani della vita — 319
  - (Fisica ed altre Dimensioni) — 319
  - Coscienza e intuizione — 322
  - La nostra casa — 323
  - Evoluzione e R-evoluzione — 324
  - E vidi il centro, il cerchio e la Grande Giostra — 326